中华现代学术名著

《中华现代学术名著丛书》

【第一辑 四十种】

【第四辑 三十种】

中国旧小说考证 胡适
文心雕龙札记 黄侃
卢前曲学论著三种 卢前
孟姜女故事研究及其他 顾颉刚
中国目录学史 姚名达
校雠学 向宗鲁
唐五代西北方音 罗常培
中国文法要略 吕叔湘
清史探微 郑天挺
中国文化史（上、下） 陈登原
中国文化与中国的兵 雷海宗
佛学研究十八篇（校点本） 梁启超
中国景教 朱谦之
德国古典美学 蒋孔阳

中国历史上的基本经济区
中国教育改造
平民教育与乡村建设运动 晏阳初
中国教育制度沿革史 郭秉文
COTTON INDUSTRY AND TRADE IN CHINA H. D. Fong
中国之棉纺织业 方显廷
KEY ECONOMIC AREAS IN CHINESE HISTORY Ch'ao-Ting Chi
中国历史上的基本经济区 冀朝鼎
THE CHINESE SYSTEM OF PUBLIC EDUCATION Ping Wen Kuo
中国教育制度沿革史 郭秉文

创于1897 商務印書館 The Commercial Press

中华现代学术名著丛书

欧美各国现行宪法析要

龚钺 著

创于1897 商务印书馆 The Commercial Press

2014年·北京

图书在版编目(CIP)数据

欧美各国现行宪法析要/龚钺著.—北京:商务印书馆,2014
(中华现代学术名著丛书)
ISBN 978-7-100-09262-3

Ⅰ.①欧… Ⅱ.①龚… Ⅲ.①宪法—研究—欧洲 ②宪法—研究—美洲 Ⅳ.①D911.04

中国版本图书馆CIP数据核字(2012)第138499号

本书据商务印书馆1938年版排印

中华现代学术名著丛书
欧美各国现行宪法析要
龚钺 著

商务印书馆出版
(北京王府井大街36号 邮政编码100710)
商务印书馆发行
北京瑞古冠中印刷厂印刷
ISBN 978-7-100-09262-3

2014年4月第1版 开本880×1240 1/32
2014年4月北京第1次印刷 印张7⅜ 插页1

定价:22.00元

龚　钺

(1902—1997)

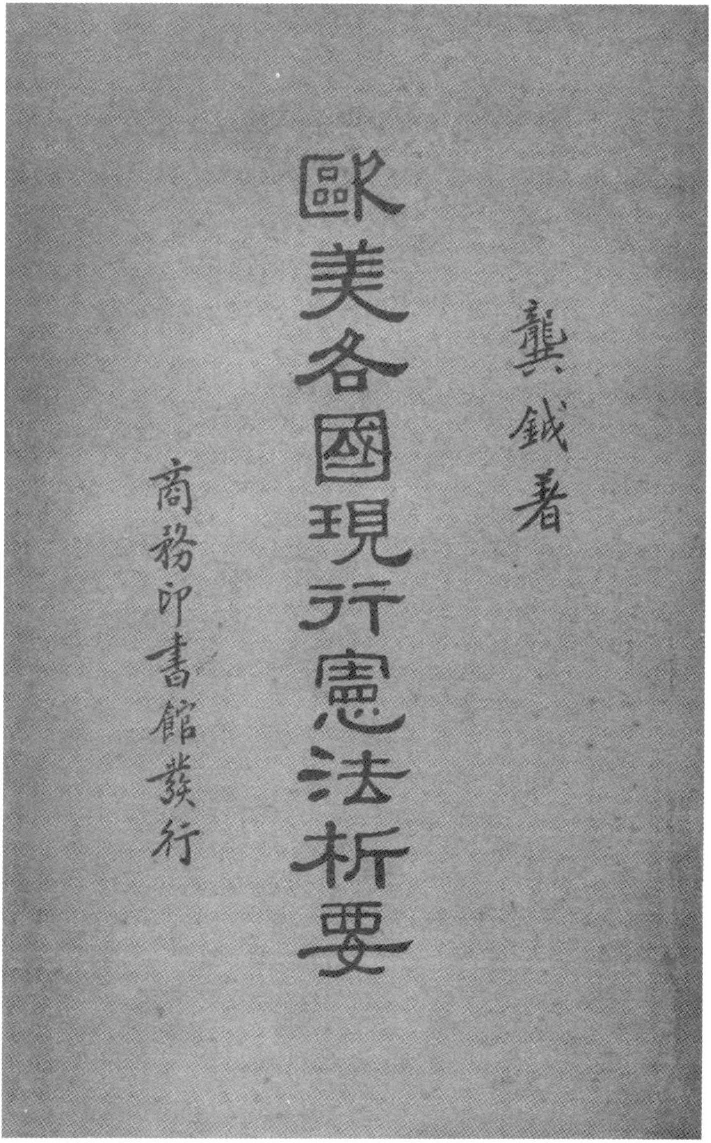

商务印书馆1938年版图书封面

出版说明

百年前，张之洞尝劝学曰："世运之明晦，人才之盛衰，其表在政，其里在学。"是时，国势颓危，列强环伺，传统频遭质疑，西学新知亟亟而入。一时间，中西学并立，文史哲分家，经济、政治、社会等新学科勃兴，令国人乱花迷眼。然而，淆乱之中，自有元气淋漓之象。中华现代学术之转型正是完成于这一混沌时期，于切磋琢磨、交锋碰撞中不断前行，涌现了一大批学术名家与经典之作。而学术与思想之新变，亦带动了社会各领域的全面转型，为中华复兴奠定了坚实基础。

时至今日，中华现代学术已走过百余年，其间百家林立、论辩蜂起，沉浮消长瞬息万变，情势之复杂自不待言。温故而知新，述往事而思来者。"中华现代学术名著丛书"之编纂，其意正在于此，冀辨章学术，考镜源流，收纳各学科学派名家名作，以展现中华传统文化之新变，探求中华现代学术之根基。

"中华现代学术名著丛书"收录上自晚清下至20世纪80年代末中国大陆及港澳台地区、海外华人学者的原创学术名著（包括外文著作），以人文社会科学为主体兼及其他，涵盖文学、历史、哲学、政治、经济、法律和社会学等众多学科。

出版"中华现代学术名著丛书",为本馆一大夙愿。自1897年始创起,本馆以"昌明教育,开启民智"为己任,有幸首刊了中华现代学术史上诸多开山之著、扛鼎之作;于中华现代学术之建立与变迁而言,既为参与者,也是见证者。作为对前人出版成绩与文化理念的承续,本馆倾力谋划,经学界通人擘画,并得国家出版基金支持,终以此丛书呈现于读者面前。唯望无论多少年,皆能傲立于书架,并希冀其能与"汉译世界学术名著丛书"共相辉映。如此宏愿,难免汲深绠短之忧,诚盼专家学者和广大读者共襄助之。

商务印书馆编辑部

2010年12月

凡　　例

一、“中华现代学术名著丛书”收录晚清以迄20世纪80年代末，为中华学人所著，成就斐然、泽被学林之学术著作。入选著作以名著为主，酌量选录名篇合集。

二、入选著作内容、编次一仍其旧，唯各书卷首冠以作者照片、手迹等。卷末附作者学术年表和题解文章，诚邀专家学者撰写而成，意在介绍作者学术成就，著作成书背景、学术价值及版本流变等情况。

三、入选著作率以原刊或作者修订、校阅本为底本，参校他本，正其讹误。前人引书，时有省略更改，倘不失原意，则不以原书文字改动引文；如确需校改，则出脚注说明版本依据，以“编者注”或“校者注”形式说明。

四、作者自有其文字风格，各时代均有其语言习惯，故不按现行用法、写法及表现手法改动原文；原书专名（人名、地名、术语）及译名与今不统一者，亦不作改动。如确系作者笔误、排印舛误、数据计算与外文拼写错误等，则予径改。

五、原书为直（横）排繁体者，除个别特殊情况，均改作横排简体。其中原书无标点或仅有简单断句者，一律改为新式标点，专名号从略。

六、除特殊情况外，原书篇后注移作脚注，双行夹注改为单行夹注。文献著录则从其原貌，稍加统一。

七、原书因年代久远而字迹模糊或纸页残缺者，据所缺字数用“□”表示；字数难以确定者，则用“（下缺）”表示。

目　　录*

* 1938年版原书目录与正文标题有些地方存在不一致之处，此次在不失原意情况下，将目录与正文标题作了统一之处理。——编者注

后篇　美洲

附篇

凡　　例

一、本析要以欧美各国之现行宪法为限。亚澳非洲各国宪法，兹不列入。

二、本析要分欧美两部，国各一篇，每篇分若干节，大抵先叙历史背景，次分叙元首、内阁、国会及其他。按其个别情形，酌量分节，无一定篇法，免贻削足就履之讥。原则上避免重复申述类似之规定，（例如元首代表国家，国会中言论受有保障，负责内阁阁员得列席国会之类）而不遗特殊之点。期读者对于各宪法之精神与轮廓，有所体认。至于制度上之比较，进而言政治组织之研究，则有待夫参阅各国宪法之全文（我国立法院译有各国宪法汇编）与各种专著。

三、本析要根据各国宪法编成，旁求关于其宪政之事实。涉及若干重要国家者，编时常取材于各种专门著述，其余各篇，则参考各种年鉴，间亦猎自报章杂志。所叙者，皆昭然共见之事实，并以正式宪章为根据，是以未于篇中注明引自何书，惟下述数种宪法汇编与年鉴，予编者以莫大助力，应列举如下：

《近代宪法汇编》（*Les Constitutions modernes*），P. Dareste 原著，Josepb Delpech 及 Julien Laferrièrre 编次，巴黎 Recueil Sirey 出版。

《议会年鉴》（*Annuaire Interparlementaire, publié sous le patronage de l'Union Interparlementaire*），巴黎 Librairie Delgrave 印售。

《国际公法学院年鉴》(*Annuaire de l'Institut International de droit public*)。

《比较法学会年鉴》(*Annuaire de la Societé des Législations Comparées*)。

《美洲各国宪法汇编》(*Les Constitutions des Nations Américaines*), B. Mirkine-Guétzevitch 著。

《政治家年鉴》(*The Statesman's Year book*),伦敦 Macmillan & Co. 出版。

四、欧陆有少数国家,虽号称独立,具有宪法,而国境极端褊小,致其政治制度亦简单而特殊。是惟适用于蕞尔小国,不足供人采效。删去不录者,有下列各国宪法:安陀拉(Andorra)、但泽自由城(Dantzig)、冰岛(Iceland)、里克登斯太因(Liechtenstein)、摩纳哥(Monaco)、圣马令(Saint Marin)及梵谛冈(Vatican)。

五、奥地利亚(Austria)联邦之最近宪法,系 1934 年所公布。于民主独裁之外,别饶风格,将立法权分为建议与决议两部,诚属推陈出新之作。但目今德奥合并,业成为不可否认之事实,是其宪法,已成废纸,兹将奥宪,附录于后,以备一格。

六、以联邦制立国国家,于其"联邦宪法"之外,各邦之个别宪法兹不备述。惟于俄、奥、瑞士、北美合众国篇中,各列入"联邦与各邦政府"一节,略述各邦之个别权限。至于南美中美各联邦国家之各邦个别宪法,兹当从略。

七、独裁制度与立宪政体,是否不相容纳,本难断言。吾人不能谓有宪法者即非独裁国家,亦不能谓独裁制度之下,即无宪法可言。今之被认为独裁国家者如立陶宛、葡萄牙、南斯拉夫、亚尔巴尼亚、波兰,或由政府自动公布,或曾经国会接受,均各有其特殊之宪法。法西斯意大利、拉特维亚，则未尝宣告其旧宪之废止，兹亦叙及。至若德国、希腊及布加利亚，旧宪既经被废，新宪尚未颁行，本析要限于现行宪法，若追叙《威玛宪法》（*Constitution de Weimar*）或希腊之 1924 年宪法，则又有失时效，兹惟将有关于废宪之事略叙述，以资参考。

八、此项析要，本拟编成附于拙著《分权制度与近代宪法》之后，故其体裁，力求简练。兹因该稿迟未完成，而此析要，见者以为尚堪以单行本出版，是以先行付梓，并识于此。

九、近年来宪法上之变迁，既繁且频，或属局部修正，或属除旧布新。此书如合社会需要，斯后当每隔一年编订一次，将各国宪法在该时期内所有纂改处悉行编入，以符时效。

前篇　欧洲

一 亚尔巴尼亚 Albania Albanie

面积 27,538 方启罗密达(Kilometres Carrés)

人口 1,005,902(1930 年 5 月统计)

国都 提拉那 Tirana

亚尔巴尼亚昔属土耳其。1912 年巴尔干半岛战争时宣布独立。同年 12 月 17 日,伦敦各国大使会议(Conference des Ambassadeurs)加以承认。亚尔巴尼亚立国初期,无健全之政治组织,其政体、财政及边境划界诸端,均受国际干涉。

1925 年公布宪法,实行民主政治,举苏古(Ahmed Zogou)为总统。然不久民主政体即被推翻。1928 年,苏氏召集"宪法会议",(Assemblée Constituante)通过议案,实行君主立宪,以苏氏为亚尔巴尼亚国王,并颁行新宪法。现行宪法,即 1928 年 12 月 1 日所通过。

一、国王

国王统率全国军队,有对外宣战权,惟非自卫之战争,须通过国会。商约及足以增加国家或人民在财产上或身体上之负担之条约,须通过国会。友好、联盟及其他条约,国王有签订之全权。

遇有对外战争、内乱或"公共灾祸"(Calamité publique)发生,国王得宣布全境或局部之戒严,但须于24小时内通知国会,并征求其同意。倘国会在闭会期中,应于3日内召集之。遇有紧急情形发生,值国会在闭会期中,国王得以命令执行一切。该项命令,与法律有同等效力,但国会开会时,国王应于15日内将该项命令提交国会,请求通过,逾期未提出,作为无效。

国王不负责,一切命令,应经负责阁员副署。但关于统率军队所发之命令,不在此限。

二、内阁

内阁总理及各部部长,均由国王任命及罢免。内阁向国会及国王负责。关于全部政策者,连带负责;关于个别职掌者,单独负责。但内阁总理被罢免或辞职时,全体阁员,应同时引退。

内阁成立,应于一星期内,向国会征求信任票。国王得向国会弹劾阁员。阁员被国会弹劾或被国王弹劾后,国会决议起诉时,由“政治法庭”(见下)审判之。

三、国会

亚尔巴尼亚国会,采独院制。议员由人民直接选举,每15000人选举议员一人。每4年改选一次。

国会每年开常会(Session ordinaire)1次,于10月15日举行。自行召集,无须由国王通告。常会期间5个月。临时会(Session extraordinaire)由国王召集。

法律案通过国会后,应送请国王批准。(Sanction)未经国王批准者,不能生效。国家预算案,倘于3月31日以前,未经国会通过政府得将上届预算案应用。

四、参政院(Conseil d'Etat)

"参政院"为国王之咨询机关院员10人,由国王任命。

五、政治法庭

政治法庭由"最高法院"及"参政院"人员合组合成。凡内阁阁员、参政院院员、最高法院法官及国家检察官,被控于执行职务时,有违法之处者,由政治法庭裁判之。被控者如系内阁阁员,应由国会起诉。

二　比利时 Belgium Belgique

面积　30,444 方启罗密达

人口　8,159,185(1931 年 12 月 31 日统计)

国都　布鲁塞尔　Brussels,Bruxelles

比利时于 1814 年与荷兰合并,1815 年 8 月 24 日之“基本法”,为比荷两国之共同宪法。1830 年,比利时发生革命,成立临时政府,召集“国会”(Cougrès national)。是年 11 月 18 日,决议宣布独立,22 日通过君主立宪政体及两院制度。“起草宪法委员会”根据该原则提出宪法草案,通过国会,于 1831 年 4 月 7 日公布施行。自独立以还,比国宪法曾经过 5 次修改,即 1893 年关于两院选举法之修改,及欧战后 1920 年 11 月 15 日,1921 年 4 月 7 日、8 月 24 日、10 月 15 日之修改。

一、国王

国王不负责,一切革命,均应经阁员副署。对外代表国家,有宣战、媾和及签订条约权,但商约及足使国家或人民增加负担之条约,应通过国会。任命并罢免内阁总理、其他阁员及所有“普通行政”(Administration Généra'e)官吏。批准并公布国会所通过之法律。得制定条例以资法律之施行，但不得展缓或停止其施行。召集国会开临时会，有解散国会，或两院中一院之权，但解散宣言内，须规定新选举之举行日期。比王职权，以宪法中所赋予者为限。

二、内阁

内阁向国会负责。阁员得列席国会，要求发言时，国会不得拒绝。阁员于执行职务时犯刑事上责任，众议院得向最高法院（Cour de Cassation）提起弹劾，最高法院各庭联合开庭审理。阁员之被判决定罪者，国王不得特赦之。

三、国会

国会分参众两院。非有过半数以上议员出席，不得作任何决议。开会闭会，两院同时举行。每年开常会（Session ordinaire）1次，于11月之第二个星期二自行召集。散会由国王宣告。临时会（Session extraordinaire）由国王召集。开会属公开性质，但经议长或议员10人以上之提议，得临时禁止旁听。

两院分别开会，惟于讨论王位继承问题及摄政问题时，开联席会议。议员得兼任内阁阁员，但接受政府任何其他有俸给之职务者，丧失其议院议席。

众议院（Chambre des Representant）　众议院议员由人民直接选举。任期4年。议员人数，由法律定之，但至多不得过每人口

40000 人选举议员 1 人之比例。被选举为众议员者,应年满 25 岁以上,而享有选举权者。人民男性,年满 21 岁,在选举区居住满 6 个月以上者有投票权。妇女无投票权,但死于欧战者之孀妇,及其他妇女曾在欧战时因政治或爱国原因遭囚禁者,得参加投票。采"义务投票"(Vote obligatoire)制度,有投票权者不得放弃参加。

参议院(Sénat)　参议员分下列四类:(1)比国王子或王室亲王为法定参议员。(2)民选参议员。由选举众议员之选民,就法律规定有被选为参议员之资格之各种人物中,选举之。民选参议员人数占众议院议员全数之半。有被选为民选参议员资格者为下列各种人:现任或曾任内阁阁员者、曾任两院议员者、曾获高等教育文凭者、曾任高级军官者、曾任高级官吏者、大学教授、不动产之岁入在 12000 佛郎以上者、年纳直接税逾 3000 佛郎者、经营工业雇佣工人百人以上者、经营农业雇佣工人 50 人以上者,等等共 21 项。(3)各省议会(Conseils provinciaux)代表。(4)民选参议员与各省议会代表共同选举参议员若干人,其人数等于参院中省议会代表人数之半。除法定参议员外,参议员之任期为 4 年。

关于立法事项,两院处于完全平等地位。国王及两院议员均有建议法律权。关于财政案,众议院亦无优先权,惟"审计院"院员,由众议院选举。

四、宪法之修改

修改宪法之提议,经两院通过后,国会应将该项决议公布之,并自行解散。新选举于 40 日内举行,新国会应于两个月内召集。

新国会讨论并表决上届国会之决议。非有议员 2/3 以上之出席，出席议员 2/3 以上之同意，修宪案不能成立。因修宪而选举之国会，继续执行立法职权至任期届满时为止。

三　布加利亚 Bulgaria Bulgarie

面积　103,146 方启罗密达

人口　6,081,049(1934 年统计)

国都　索非亚　Sofia

布加利亚 1879 年宪法,系布国脱离土耳其管辖而独立时所公布,迭有修改,乃一平民主义议院制度宪法。然议院制之弱点,加以过于完密之比例代表选举制度(布国之比例代表制,充分应用,至于制成全国总名单而计其余票以资分配)造成极严重之政潮。政党众多,竞争剧烈,内阁不能立足,遂有 1934 年 5 月 19 日之政变。在议院制下成立之内阁,见迫于军队而辞职,新内阁由获得军队信任之人物组成,完全不以政党及国会之信任为组阁之根据。该次政变所发生之结果约有下述数端:(一)取消政党。(二)解散国会。(三)加强行政权。(四)军人干政。

1934 年以来,宪法业已停止,自是历届执政者皆行使独裁。但内阁中军队分子近来逐渐减少,布王波利斯三世(Boris Ⅲ)于 1935 年 4 月 22 日宣言中曾允许颁行新宪法。该项宣言,复经内阁追认,谓国王所允许者,仍保有其完全价值,目前政府正研求一种适当原则,俾人民得参加国政等语。

布加利亚现正进行一种政治上之试验,盖布国政府近来从事于训练一种政治团体,即所谓"革新社会运动"(Direction de la Renovation Sociale)者。该团体乃一正式组织,其经费由国家供给,而其设立,受法律保障。质言之,该组织即系正式的而且惟一的政党,与国家为一体,有类于意大利之法西斯及德意志之纳粹。

四　捷克斯拉夫 Czechoslovakia Tchècoslovaquie

面积　140,394 方启罗密达

人口　14,479,565

国都　布拉格　Prague

欧战前捷克（Tchéque）及斯鲁瓦基（Slovaque）民族统治于奥匈帝国（Empire Austro-Hongrois）专制政府之下。然其国家思想，甚为深固，民族自治之要求，历数百年不懈。尤以捷克民族之推举奥皇腓迪南一世（Ferdinand Ier）为其国王［即波希米亚国王（Roi de Bohême）］，系出于自动。是自法律上地位言之，捷克与奥国之关系，本属一种"个人联治"（Union persnonelle），捷克未尝放弃其独立主权也。但历朝奥皇均取高压政策，力图消灭捷克、斯鲁瓦基及其境内他种民族之国家思想。而反抗此种政策者，各民族中，捷克实居首要地位。

此民族自治之要求，至欧战发生乃一变而为复国运动。协约国方面，对捷克人民之复国要求，多予赞助。洎 1915 年 11 月，捷克斯拉夫民族委员会（Conseil National Tchécoslovaque）在巴黎成立秘书处。1917 年，法国政府允许捷克斯拉夫人民组织军队，用本国旗号，受民族委员会之指挥，加入协约方面作战。1918 年意大利政府亦许捷克军队在意境内成立。1918 年 10 月捷克斯拉夫临时政府成立于巴黎，协约国各政府均先予承认，并接受其所派遣之外交代表。欧战告终,捷政府定都布拉格。1918 年 11 月召集国会。1920 年 4 月 29 日通过宪法。

一、总统

总统任期 7 年,连任以 1 次为限。国会以两院联席会议选举总统。国民年满 35 岁,有被选举为众议院议员资格者,得被选为总统。国会举行总统之选举时,应有两院议员各过半数以上之出席。获过半数票数者当选。倘候选人中无获得过半数票数者,应举行第二次投票。第二次投票时,应有议员 3/5 以上之出席。获票最多者当选。总统任期未满前 4 星期,应即举行新总统之选举。倘总统于任期未满时辞职或逝世,则国会应于 15 日内召集,选举新总统,其任期亦为 7 年。

总统缺席,内阁摄行总统职务。如缺席期间延长至 6 个月以上,经内阁决定后,得由国会选举一"代理总统"(Président supléant)暂代其职务。

总统对外代表国家,指挥全国兵力,宣告对外战争,执行特赦,任命"第六级以上官吏"。得向国会以书面或口头报告国家情状,而要求国会对某某问题加以研究。不负政治责任,一切命令,均应由阁员副署。

二、内阁

内阁总理及其他阁员，由总统任命并罢免。内阁会议，总统出席时，为其主席。内阁所有决议，均应于阁议中通过。有若干重要决议，经宪法指定，须通过阁议，始能生效者如下：(1)内阁拟向国会提出法律草案。(2)总统准备将国会所通过之法律案，退还国会再议。(3)政府提案经国会否决，政府拟召集人民投票以复决之。(4)政府订立各项条例，及其他政治性质事件。

内阁向众议院负责，众议院通过不信任案，或内阁提出信任案，而遭众议院否决时，内阁应即辞职。不信任案，应由议员百人以上共同署名提出，提出后应先经众院中审查委员会审查，该委员会于8日内制成报告书，向众院提出表决之。不信任案通过时，应有议员过半数以上列席，以记名式投票表决，否则无效。阁员有列席两院并发言权，两院或其各委员会要求阁员出席时，应即出席。

三、国会

国会分参众两院：

众议院 议员人数300人，由人民男女两性年满21岁者以普及、平等、直接、秘密、比例代表制度，投票选举。现役兵警无投票权。有选举权之人民，年满30岁，享有本国籍在3年以上者，有被选举权。众议员任期6年。

参议院　议员150人，亦由人民直接选举。惟参议员之选举人，应年满26岁，被选举者，应年满45岁而享有本国国籍在10年以上者。参议员任期8年。

国会年开常会两次，总统负召集之责任，于3月及10月举行。临时会由总统决定，或因参院或众院有过半数议员要求开会而召集之。总统宣告国会之闭会及延会，但延期开会不得过1个月，每年不得宣告延期过两次。

总统有解散国会权，但在任期将满之6个月内，不得行使此权。两院同时被解散或两院中一院被解散，均应于60日内举行新选举。

四、立法程序

内阁及两院议员均有提议法律权。总统仅能要求国会对于某项问题加以研究（见上总统节），而无建议权。内阁所提出之法律案，应先交众议院讨论。凡有关于国家预算案及国防之提案，即系参院所提出，亦应由众议院先行讨论。两院提出法律案时，应附带一计算书，说明该项法律实行时，财政预算上所发生之影响，及如何应付该项费用。

原则上法律案之成立，应经参众两院通过，但众议院所处地位较为优越，有如下述数端：（1）参议院所通过之法律案，移交众议院讨论，众议院应于3个月之内表决。众议院所通过之法律案，移交参议院讨论，参议院应于6星期之内表决之。倘上述之时期已过，尚未表决，即认为同意。（2）众议院所通过之法律案，倘不获参议院之同意,众议院得将该案再付表决。如全体众议员(并未出席者计入)之过半数复将该案通过时,该法案有效。但参议院投反对票时,倘曾以全体参议员3/4以上之多数,一致作此表决者,则众院亦须以全体3/5以上之多数,始足推翻参院之决议。(3)参议院所通过之法律案,倘不获众议院之同意,参议院得以全体参议员之过半数再行通过。但众议院如再以全体众议员之过半数否决时,该法律案即不能成立。

法律案经两院通过后,总统得于1个月内提起应行注意事项而将该案退还国会再议。倘两院再各以议员全体之过半数用记名式投票通过时,总统应即公布之。内阁所提出之法律案,如不能通过国会,内阁得以阁议之全体同意而决定将该项法案举行人民投票表决之。

五、宪法之修改

宪法及属于宪法性质之法律(Lois qualifieés constitutionnelles),通过两院时,应获全体议员3/5以上之同意。修改宪法之提议,亦须以上述之多数通过。捷克宪法,无人民复决修宪之规定。

设“宪法法庭”(Tribunal Coustitutionnel),以判决法律违宪事项。但人民无向“宪法法庭”起诉资格,惟最高法院、最高行政法院、选举法庭、众议院、参议院得于法律公布后3年之内,提起该项法律有违宪之处,而声请“宪法法庭”审理之。

五　丹麦 Denmark Danemark

面积　44,416 方启罗密达

人口　3,566,427(1930 年统计)

国都　哥本哈根　Copenhagen, Copenhaque

丹麦立国于 1660 年,政体本属君主专制,迨 1849 年 6 月 5 日,乃有宪法之颁布。洎该宪法施行之后,迭有关于宪政之重要文件公布,如 1853 年 7 月 31 日国会通过之"王位继承新法",1854 年 7 月 26 日,国王颁布之"国会组织法",1863 年 11 月 18 日之"宪法修正案"等等。但丹麦仍保留其 1849 年宪法,现行制度,乃从该宪法遭递而成。1866 年 7 月 28 日,公布《1849 年宪法修正本》(*Constitution de* 1849 *revisée*)。其中次要之修改颇多,而重要之点则在于国会组织上之改革,与"摄政"之规定。经该次修改后,丹麦宪法历四十余年无变更,嗣于 1915 年 6 月 6 日及 1920 年 9 月 10 日,复经两度修改。

一、国王

国王不负责。"除宪法上所规定之制限外,国王统治国家一切事宜,由其所任命之国务员执行。"(第十一条)

国王依法任命并罢免文武官吏（丹麦宪法中关于国王任免官吏权，语焉不详，由若干单行法加以规定）。以国会之许可，宣战、媾和、磋订条约。每年应召集国会开常会，宣告国会之闭会与延会并召集临时会（详下）。有解散议院权。批准、公布法律，提议法律及其他议案。执行大赦及特赦。

国王应隶属“路得福音教会”（L'Église evangélique luthérienne），以 18 岁为成年。因病或他故缺席时，国政由储君执掌，储君不在，或尚未成年，而国王未曾指定摄政人物，由国会选举摄政代之。王位乏人承继时，国会选举国王。

二、国务员（Les ministres）

国务员由国王任命及罢免。其人数与职掌，由国王规定。关于立法与行政之各项决定，经国王签署者有效，倘有国务员一人或数人之副署，该国务员应负该项决定之责任。

各国务员开会由国王主席时，称为“国务会议”（Conseil d'Etat），储君如已成年（满 18 岁）得列席该会议。所有国家要政，均于国务会议中讨论之。国王不能出席时，得命各国务员开“国务员会议”（Conseil des ministres）讨论各事。国王就国务员中任命一人为“国务卿”（Ministre d'Etat），“国务员会议”以“国务卿”为主席。“国务员会议”应将所决议事项记载于会议录中，呈请国王批准，国王得立加批准或将某项事件移交“国务会议”再议。

国务员向国会负责，有列席国会及要求发言权，但如非该院议员，不得参加投票。国王及众议院均得起诉国务员之溺职，由“高等法庭”（Haute Cour，Rigsret）审理之。该法庭以最高法院法官及人数相等之上议院议员组成（上议院推举院员若干人为“高等法庭”法官，任期 15 年）。国务员被众议院起诉而被判决处刑时，国王不得特赦之。

三、国会（Rigsdag）

国会分两院：

众议院（Folketing）　众议院议员 152 人（是为最高额，丹麦众议院现有议员 147 人）。每 4 年改选 1 次。人民男女两性，年满 25 岁，在国内有固定之住所，不受国家救济者有投票权。有投票权者均有被选举权。全国 24 选区中共选举议员 117 人，丹属 Feroë 岛选举议员 1 人，余留议席，按照选举法中之特别规定分配，用达平均代表之目的。

上议院（Landsting）　上议院议员 78 人（最高额）。任期届满之议员推选 19 人，选民年满 35 岁者，以两级选举制，推选 57 人。上议院议员任期 8 年。

两院同时开会闭会。常会每年 1 次，于 10 月之第一个星期二日举行，但国王得提前召集之。闭会日期，由国王规定，但不得于国家预算案未通过之前宣告闭会。国家预算案，应于常会开会时，即行提出。延会由国王宣告，但不得延期至两个月以上，并不得于一年中宣告延期两次。

除因修宪程序中必要情形（见下）外，国会（指两院同时）无被解散之规定。但国王有解散众议院权。倘两院对于某一法律案，意见冲突，众议院改选后，两院意见仍不能相同时，国王并得宣告上议院之解散。议院解散，新选举应于两个月内举行。国会在开会期中，一院被解散，他院应停止开会。

关于立法事项，两院处于平等地位，惟财政案须由众议院先行讨论。凡法律案经一院通过，而他院不赞同，应组织两院联合委员会考虑之。该委员会制成报告书，提向两院征求同意。法律案通过两院后，须经国王批准。倘国王延至国会下一届开会时期尚未批准，该法律案即属无效。

四、宪法之修改

修改宪法之提议，如经两院通过，并获政府赞同，应将现国会解散，举行选举。新国会倘将原提案不加修改通过时，则该提案尚须经过人民投票赞同后成立。此项人民投票，应于6个月内举行，有选举众议员权之人民，均得参加投票。倘该提案于人民投票时，所获赞成票超过总票数之半，并全体选民45%以上，经国王批准后发生效力。

六　爱沙尼亚 Esthonia Esthonie(Estonie)

面积　45,221方启罗密达

人口　1,126,413(1934年统计)

国都　塔立安　Tallinn

洎十八世纪初叶,爱沙尼亚受制于俄,同时德国亦伸张其势力于爱境之内。欧战时俄国革命,"俄罗斯帝国"解体,1917年,俄国临时政府允许爱沙尼亚自治,而其国内之日耳曼贵族则宣言爱沙尼亚离俄独立,召德兵入境,企图将爱沙尼亚合并于普鲁士。斯时,爱沙尼亚国会(Conseil national Esthonien)业已成立,于1918年初,决议争取爱沙尼亚之独立,并于是年5月获英、法、意三国事实上(de facto)之承认。然是时共产党侵略爱境,爱沙尼亚之独立,尚受威胁。嗣经其全国联合抵抗,战胜犯境敌军,与俄国订立1920年4月2日之和约,其独立乃告完成。国际联盟行政院于1921年1月26日正式承认爱沙尼亚为独立国。

爱沙尼亚宪法会议于1920年6月15日通过宪法,于是年12月21日施行,乃一极端倾向平民主义之宪法。充分容纳人民参与立法之权。无总统之设,所有政权,几全操于国会。"政府首领"(Rigivamen)统一内阁政策,对外代表国家,但无通常元首所有之特权,无否决法案权及解散国会权,无一定任期,其任命与辞职,由国会决之。国会(Rigikogu)系一院制,议员百人由人民以普及、平等、直接、秘密、比例代表之投票制度选举之，任命内阁人员，接受其辞职，选举最高法院法官，法律案通过国会，即由国会公布之。

实行之后，不便早著。1926年，国会中之农民党，已提议修宪，拟设立一不负责之总统，任期5年，由人民直接选举，有任命阁员权，有“展缓法律之施行权”（Veto Suspensif）及解散国会权等等。该项提案，虽未通过，然嗣后改良宪法之建议迭生。1933年，“退役战士”（Anciens Combattants）等，以宪法上所规定之“人民建议”（initiative populaire）方式，提出新宪法草案，向全国人民征求同意，于是年10月14至16日，举行人民投票，以400000余票对150000余票通过生效。

1933年宪法

新宪法仍采平民政治制度。人民复决权及建议法律权均仍存在。年满20岁以上之男女两性人民有投票权，新入爱沙尼亚国籍者，1年以后得参加投票。该宪法并加强行政之职权。

一、元首（Rigivamen）

元首由人民直接选举。任期5年。有投票权人民，年满40岁，经10000人以上推举者，有候选人资格（理论上妇女亦得被选为元首）。于第一次投票时，获得过半数票数者当选，倘候选人中无获得过半数票数者，则于3个月之后，举行第二次投票。第二次投票时，新候选人得加入竞选，得票最多者当选为元首。

元首为行政首领，指挥对内及对外政策，保持国家之完整与境内之安全，公布并执行法律，对外代表国家，任命外交官吏，接见各国外交人员，磋订条约于通过国会后批准之，依照国会之决议而宣战媾和，任命所有官吏，惟宪法中别有规定者除外。元首为全国军事力量之最高领袖，战时指定统帅而付以指挥之权，国家遭他国侵犯时，得不俟国会之议决而下总动员令。宣布戒严，无须先取国会之同意。元首有提议法律权，向国会提出国家预算案，及其他法律草案，得制定条例以佐法律之施行。

元首所有决定，均须经国务总理或负责阁员之副署，惟任命及罢免内阁阁员之命令无须副署。元首以阁员之副署得解散国会，宣告国会之提前闭会，规定国会临时会之开会闭会日期。元首所发命令，倘有违宪之处，阁员应拒绝副署。“倘为公共需要所无可避免者”（En cas de nécessité publique inéluctable）元首得颁发与法律有同等力量之教令（Dècrets-lois）；但关于人民投票权，人民建议权，以及选举元首、选举国会议员之法律，不得抵触。该项教令，经国会或元首自行宣告废止时失效。

二、内阁

内阁总理及各阁员，由元首任命及罢免。各部之职掌由法律规定，有疑窦时，由元首决定之。内阁须获国会及元首之信任。国会得对内阁全体或某一阁员提出不信任案。国会通过不信任案时，除非元首决定解散国会，内阁应即辞职。

国会得起诉元首及阁员之违法，由“国家法院”（Cour d'Etat）审理之。

三、国会（Rigikogu）

国会议员80人，由人民以直接、普及、平等、秘密、比例代表之投票制度选举之。任期4年。每年开会6个月（按爱沙尼亚1920年宪法中，会期无限制，国会常终年开会），元首得宣告提前闭会。临时会由元首召集，或因议员25人以上联请而召集之。

国会因议员、元首或人民之建议而制定法律。法律案通过国会后，送交元首公布，元首得将该法案送还国会再议，倘国会仍将原案通过时，元首应即公布之，或宣告解散国会，国会改选后，如仍保持前案，元首应服从国会之决议。元首对于某一法律案不赞同时，并得延不公布之，但须于该法律案送达后30日内通知国会。国会议员对内阁提质问时，须由全体1/4以上联名提出之。

四、人民复决与建议

国会所通过之法律案，倘有议员1/3以上之要求，应于通过两个月后公布，在此时期，倘有选民25000人以上，要求将该项法律案举行人民投票复决者，该项人民投票应于4个月内举行。普通法律，获得投票人过半数赞成即属通过，惟有关于宪法之法律，须以选民全体人数计之，过半数赞成者通过。

人民有建议法律权。凡选民25000人以上得联名请求订立、修改或废止某项法律。该项建议送达国会时，国会应于4个月内表决之。国会通过该项提案时，即按通常立法程序办理，如加反对，则应于两个月内召集人民投票复决之。有投票权之人民并曾参加国会选举者，有过半数赞成该提案时，该提案仍获通过生效。凡人民投票结果反对国会所通过之法律，或赞成国会所否决之议案时，国会应即改选，该选举于人民投票揭晓后75日之内举行之。

预算案、公债案、赋税案、宣战案、媾和案、戒严之宣布与停止、动员令、条约案，皆不得交人民复决或由人民建议。

五、宪法之保障与修改

法院有判决法律违宪权。修改宪法之建议，国会及人民均得提出之。所有修宪之提议，最迟应于未举行表决前3个月公布，使民众明了该提议之内容。凡属修改宪法之提议均须由人民投票表决。

1933年宪法，颁行未久，又有动议修改者。1936年，拔资（Päts）内阁提议修改宪法，于2月23日至25日举行人民投票，赞成票472461，反对票148878，该提案通过，召集宪法会议，爱沙尼亚宪法，重向平民政治方面发展。

七　芬兰 Finland Finlande

面积　388,279 方启罗密达

人口　3,786,844(1934 年统计)

国都　赫尔星基　Helsinki

芬兰于 1809 年脱离瑞典,归并于俄罗斯帝国。1917 年俄国革命,芬兰宣布独立(1917 年 12 月),苏俄政府加以承认。于 1919 年 7 月 17 日通过宪法。

一、总统

总统任期 6 年。依照选举众议院议员之法规,选出人民代表 300 人,举行总统之选举。总统缺席,国务总理代行职务。

总统主持对外关系,任命外交官吏,接见各国外交人员,磋订国际条约,但有关于立法事宜之条约,及其他为宪法上所规定者,须通过国会后批准。依照国会之决议而宣战媾和。总统宣告国会之开会闭会,召集国会开临时会,有解散国会权,准许特赦及减刑,核准国籍之授予或解除,统率全国军事力量,但战事发生时,得将指挥之权授予另一人。总统所有决定,应于"国务会议"(Conseil des ministres)中行之,未经阁员副署者无效,但关于调查或访问各行政机关情形，及向“最高法院”起诉内阁阁员或“大法官”之事件，不在此限。

“大法官”（Chancelier de la justice）或“国务会议”，倘以总统犯有“背叛国家罪”时，得声请国会表决应否起诉。国会以3/4以上之多数通过起诉总统时，由司法总长向最高法院提起诉讼。

二、内阁

内阁阁员，由总统就国民中之有德行才能而获国会之信任且生来即属于芬兰国籍者选任之。阁员之人数与职掌，由法律规定。阁员中应有国务总理1人。国务会议，须有阁员5人以上出席，始能成会。总统出席国务会议时，为其当然主席。阁员向国会负责，凡国务会议中一切决议，阁员全体应连带负责，但曾于会议录中注明意见不同者，不在此限。阁员执行总统所决定事项，倘认为有违反国家法律之处，得请总统收回成命，总统如坚持其主张，阁员得声明该项决定之不能执行。

内阁中有“大法官”（Chancelier de la justice）1人，其职务在于监视政府人员之守法。“国务会议”或某一阁员，如在执行职务上有违法行为，大法官得请其注意，所请如不获采纳，得于会议录上面注明此种情形并通知总统。倘该项违法行为之性质，有向最高法院起诉之需要时，总统得向最高法院起诉，总统不起诉时，大法官得向国会提出。

三、国会

国会议员200人，由人民男女两性，年满24岁，在1年内未尝受国家救济者，直接投票选举之。任期3年。有投票权者有被选举权，但大法官、最高法院法官、最高行政法院法官及“国会中之司法代表”（Délégué de justice de la chambre des representants）不得被选为国会议员。

每年开常会1次，于4月1日自行召集，会期120日，但国会得自行决定提前或延长。临时会由总统召集。国会被解散时，新国会应于解散后90日所届之月，该月之第一日开会。

总统及国会均有提议法律权。法律案通过国会后，应经总统批准，倘总统不于通过后3个月之内批准，即系拒绝批准，该法案失效。但国会改选后，倘新国会将原案再行通过时，该法案虽未经批准，亦属有效。

四、宪法之修改

修改宪法之提议，经国会三读通过后，应俟下一届国会召集时交付表决。下届国会，应于第一次会期（Session）中将上届国会所通过之原案付表决，通过时须有2/3以上之多数。修宪提议，倘经国会以5/6以上之多数决定其属于紧急性质者，得不俟下届国会，即行表决。

八　法兰西 France France

面积　550,896方启罗密达

[此系法国本部在欧全境面积，"法兰西帝国殖民地"（Empire celenial français）面积计10,505,510方启罗密达]

人口　41,905,968（1936年统计）

（"法兰西帝国殖民地"人口计50,851,000）

国都　巴黎　Paris

法国自1789年革命迄1875年（现行宪法颁行时期）间，宪法凡十四易。民主、帝制、君主立宪，合议独裁之政体，前仆后起。揭橥自由平等，树立政治楷模，而欲垂诸百世，行之万国，如1791、1793及革命纪元三年（an Ⅲ）宪法者，既皆成为陈迹，独此1875年宪法，草创于普法战争之后，施行至今不替，岂偶然哉？该宪法之成立，具过渡性质，以当时"国会"中（Assemblée nationale de 1871）多数主张恢复君主政体也（按1871年"国会"中，君主党500人，民主党仅250人）。该宪法以3次法律通过，体裁散乱，因"国会"不加重视也。1871年"国会"本无议宪之权，以该国会之被举，为与普鲁士讲求媾和条件并图善后也。民主政体仅以1票之多数通过，以"国会"中多数派为君主党，但各有所拥护，既不能一致，遂姑且赞同民主也。总统之职权隆重，任期特长，以其近似于君主政体也。修宪程序简单，以主张复辟者，预计其便于修改也。然该宪法因是而属于“半柔性”宪法之列。条文简单，助惯例之养成，按照宪法上规定，总统之权虽巨，但事实上多难执行，解散国会，否决法律，今者都成废文。法国人民自由平等之思想甚为深固，宪文简略，惯例推演而成，遂日趋于平民政治之域，盖立宪问题之在法国，殊不若1789年革命者理想中之重要也。

1875年宪法，在形式上，为3个具有宪法性质之法律构成，即1875年2月24日法律，关于参议院之组织，1875年2月25日法律，关于“各种政权之组织”（l'organisation des pouvoirs publics），及1875年7月16日法律，关于“各种政权间之关系”（les rapports des pouvoirs publics）。该3个法律，具有宪法性质，非以特别修宪程序，不得修改。至于同年8月2日及11月30日所颁布之参议员选举法及众议员选举法，通常认为“机要法律”（Lois organiques）者，实非宪法，普通立法机关，得以普通立法程序修改之。

一、人权宣言（déclarations des droits）

自《麻省宪法》（*Constitution de Massachusettes*）（1780年）首列保障人民权利之宣言，近代各国宪法，及法国1875年以前之各宪法，大都于政治条文以外，并列人民权利义务之范畴。法国1791年宪法，置1789年之《人类及国民之权利宣言》（*déclarations des droits de l'homme et du citoyen*）于篇首，1793年《高山党宪法》（*Constitution montagnards*）亦以人权宣言为前提，《革命纪元三年宪法》（*Courtitution de l'an* Ⅲ）于人民权利外加入人民义务之规定，《革命纪元八年宪法》（*Constitution de l'an* Ⅷ）列个人自由之保障于“总则”篇中，

1814 年宪法有“法国人民公权”(droits public des français)章，增订约法(L’acte additionnel)(拿破仑返自 Elbe 时所颁布)中有国民权利(droits des citoyens)章，1830 年宪法袭 1814 年之旧而更趋向于自由主义，1848 年宪法于其引言 préambule 中及其第一章中列入人权要义，1852 年宪法之第一条承认 1789 年之人权宣言为有效。独其现行之 1875 年宪法，简略无章，人权宣言，付诸阙如。法国学者，多数主张，1789 年之宣言，在今日仍属有效，或以为该宣言有超乎宪法之价值，或以为仅余“道德上力量”(Force morale)。但在实际上，此种问题，不甚重要，盖法国无判决法律违宪之制度，且宣言中种种原则倘不曾根据以制定法律，亦难置诸实用也。

二、人民投票权

1875 年 4 月 25 日宪法第一条：“众议院以普及投票制度(Suffrage universel)选出，其详情由选举法规定之。”是法国宪法上，关于选举制度者，仅提出普及投票之原则，余无明文规定。按照选举法规定，法国人民男性年满 21 岁未尝受各种不名誉之裁判者，(如刑事处分、褫夺公权、被宣告破产之类)有投票权。外国人取得法国国籍后即有投票权，但 10 年后始有被选举权。受国家之救济者、废疾者、智力缺乏者(如患有精神病及文盲等)，在法国选举法上，不丧失其投票权。有投票权者，于行使其投票权时须完满下列两条件：(一)曾向选举人名单(liste êléctorale)登记者。(二)无职务上之障碍者。所谓职务上之障碍，指现役军人及办理选举事务之官吏不得参加投票，无义务投票(Vote obligatoire)之规定，人民有参加投票或放弃参加之自由。

三、国会

国会分参众两院：

参议院（Sénat）　参议院议员314人（本规定为300人，欧战后Alsace-Lorraine两省归还法国，增设参议员14人）。任期9年。每3年改选1/3。被选举为参议员者，应年满40岁。参议员之选举，由各省分别召集选举团体举行之。该团体以下列各种人组成：由该省各选区所选出之众议员、该省省议会各议员（Conseillers généranx du département）、各区议会议员（Conseillers d'arrondissement）、各市议会代表（Délégués de chaque conseil municipal）。1875年宪法中本有终身参议员75人，但经1884年修改后，该项规定，业已取消。

原则上参议院与众议院处于平等地位，但有下列不同之点：（一）国家预算案应先由众议院通过。（二）总统有解散众议院权，而参议院在宪法上无被解散之规定，总统解散众议院时，应获参议院之同意。（三）遇有众议院解散，新众院尚未召集，总统于斯时缺席，参议院应自动地召集开会。（四）众议院起诉总统时，参议院组织高等法庭审理之。（五）两院开联席会议时，以参议院之议长、副议长及其他职员为大会之议长、副议长及职员。

众议院（Chambre des députés）众议院议员611人（1935年被选人数），由人民直接选举。任期4年。被选举为众议员者应年满25岁。有投票权者有被选举权，但外国人入籍未满10年者，未曾完满服兵役之义务者,及曾受法庭若干种裁判者,无被选举权,司法官在执行职务区域内,省长在本省不得被选。

两院同时开会闭会。常会每年1次,于正月第二个星期二日自行召集。闭会由总统宣告,但在常会会期中,开会未满5个月,总统不得宣告闭会。5个月中,国会得自由开会或停会,但总统得宣告国会之延期开会,延期不得超过1个月,在1次会期中,总统不得宣告延期两次以上。上述5个月之期限,倘被总统宣告延期时,延未开会之时间应不计入。[按法国总统宣告延期开会权,自麦克麦洪(Mac Mahon)执行1次后,已久不应用。]

临时会由总统召集,但两院如各以过半数议员之同意请总统召集时,总统不得拒绝。有下述各种情形时,国会自行召集临时会议:(一)总统因死亡或辞职而缺席。(二)总统于任期届满1个月以前,应召集"国会"(Assemblée nationale)举行新总统之选举,倘至期尚未召集,国会得自行于15日内召集。(三)值国会闭会期间,政府宣布戒严,国会得自行召集临时会。

两院议员不得兼任由政府任命或由政府给薪之职务,但内阁阁员、大学教授及临时职务之为期在6个月以下者不在此限,议员得兼任民选职务,如省议会议员、市长之类,但众议员不得同时为参议员,参议员亦不得兼任众议员。

总统及两院议员均得建议法律。由议员提出者称"法律提案"(Proposition de la loi),由总统提出者称"法律草案"(Projet de loi)。法律提案或法律草案提出国会后,所有议员均得提起修正案(Droit d'amendement)。除财政案应先通过众议院外,其他法案,由两院讨论,无先后之区别。法案之通过一院者,移送他院,倘遭他院否决,在3个月内,前一院不得再将原案提出讨论。两院对于某一法律案意见冲突时，得组织“混合委员会”审查。法律案通过两院后，送达总统，总统应于1个月内公布之。

四、总统

总统任期7年。由参众两院开联席会议选举。关于总统候选人之资格，宪法中无任何规定，惟曾君临法国之王室中人不得被选为总统。总统缺席时，由国务会议(Conseil des ministres)代行其职务。

总统代表国家，任命一切官吏，准许特赦，统率全国军事力量，得以参议院之同意解散众议院，宣告国会之闭会及延期开会。出席国务会议时，为其当然主席。有建议法律权，为执行法律起见，得订立各项条例。法律案通过两院，总统如不同意，得于1个月内，将原案退还国会再议，但两院再通过时，总统应即公布之。总统与他国磋商并签订条约，但和约，商约，有关于国家财政之条约，有关于人民在私法上地位(état des personnes)之条约，让割、交换或增加疆土之条约，以及有关于法国人民在他国所有资产之条约，须经两院通过后批准。

总统在执行职务上，不负任何责任。一切命令，未经阁员副署者无效。总统不得参加国会之辩论，但得提出“通知书”(Message)，由阁员之一，向国会宣读之。总统犯“背叛国家罪”(Crime de haute trahison)，众议院得通过起诉总统，由参议院组织法庭审理之。

五、内阁

1875 年宪法中无内阁总理名称，阁员人数与职掌，不为法律所规定。阁员由总统任命及罢免，任免阁员之命令，一例须经阁员副署，去任内阁总理副署继任内阁总理之任命状，新任内阁总理副署其他阁员之任命状。阁员会议，由总统主席时，称国务会议（Conseil des ministres），总统不列席时，称内阁会议（Conseil de cabinet）。

内阁负政治上责任，不获国会之多数派信任时，应即辞职。阁员有列席两院并发言权，得携带"专员"（Commissaires）出席。议院规则，在议场中发言有时间之限制，惟阁员发言得不受此拘束。

关于政治上责任，阁员全体连带负责，刑事或民事上责任，不在其例。但执行职务时，发生任何责任问题，阁员单独负责而不连带全体者，必具备下述情形：（一）该项行为与内阁之政策无关。（二）该项问题不曾在阁议中讨论。（三）国会质问时，内阁总理不曾提出信任问题。阁员于执行职务时发生刑事上责任者，应由众议院起诉，参议院组织"高等法庭"审理之。

众议院投反对票时，内阁应即辞职，参议院对内阁不信任时，依多数主张，内阁无须引退，其所持理由约有下列数端：（一）参议院被认为稳健分子，其使命在于调剂政潮，不应居于推动政潮之地位。（二）众议院由人民直接选举，是以内阁应向众议院负责，参议院则间接由于民选，内阁得不向其负责。（三）众议院有推翻内阁权力，内阁亦得请总统解散众议院，互相抵制以均平其势力，参议院无被解散之规定，是以内阁无向其负责辞职之必要。但自 1896

年以来,法内阁之不获参议院拥护者亦自行辞职,此纯属惯例,无宪法上根据。

六、宪法之修改

1884 年 8 月 14 日具有宪法性质之法律规定,民主政体不得为修改之目标。除该项限制外,总统或两院议员得提议修宪。修改宪法之提议,倘经两院分别以过半数之多数通过时,两院应开联席会议(Assemblée nationale),于凡尔赛(Versailles),进行修宪。该会议无须由总统召集,开会时期,由该会自行决定。所有议案经两院法定议员人数之过半数同意者通过。

九　德意志 Germany Allemagne

面积　468,716 方启罗密达

人口　65,306,130(1933 年 6 月 16 日统计)

国都　柏林　Berlin

自国社党(National Socialiste)执政,《威玛宪法》(*Constitution de Weimar*)(该宪法施行时期自 1919 年 8 月 11 日至 1933 年)被废,德国目前无任何宪法存在。德国学者或以国社党政府前后所公布之法律有关于党国体制及迭次人民投票确定元首之地位者,为新德意志组织法上之象征,但德国现今集权于“首领”(Führer)个人,以元首资格,兼国务总理之职权,倘认为有或种需要时,得将所有法律撕毁,而以己意行之。政府颁布法律,不受宪法限制。令人发生疑问:德国今日,是否尚有法治制度及独立司法权之存在?

兹将国社党执政后,有关于政体变革之重要事件,举之如次:

1933 年 1 月 30 日,希忒勒(Hitler)内阁成立。

1933 年 3 月 24 日,国会通过授予政府全权(Plein pouvoir)案。

1933 年 6 月,国家主义党(National-allemand)之钢盔队(Casque d'acier)归并于国社党。

1933 年 8 月 31 日至 9 月 2 日,国社党在 Nuremberg 开全体大会。

1933 年 10 月,国社党政府解散国会及各邦议会,举行大选,并将国社党政策举行人民投票(Referendum)。国会选举揭晓,选出议员661人,完全隶属于国社党党籍。人民投票结果,赞成国社党政策者,占全数93.4%。

1933年12月1日,法律宣布国社党为国党。

1934年1月30日,国会通过《政体改组法案》(*Loi sur la réorganisation du Reich*),撤消1933年3月24日全权法案(见上)中关于政府行使职权之限制。取消德意志联邦中各邦之独立性,该法案内称:"各邦之自主权,转移于德国政府,各邦法律,未经德国政府中对该项法律有管辖权之部长认可者无效……"等语。人民不得用第二重国籍,无论原籍属联邦中任何一邦,概用德国国籍。

1934年2月14日,停闭联邦议院(Reichrat)。

1934年8月2日,兴登堡总统逝世,总统由首相兼代。同月19日,举行人民投票,以表决首相兼代总统,人民是否同意。结果赞成者计38279514票,反对者仅4287808票。

自1933年11月国会改选(见上)以后,国会已成为一党之议会。1934年7月更以法律规定:"凡国会议员之自行脱离或被开除国社党党籍者,取消其议员资格。议员有缺额时,不另行选举,但由党部或元首指定其继任人物。"譬如1934年6月30日清党血案发生后,议员若干人被杀,党部指定其继任人。又如1935年沙尔(Sarre)归还德国时,增议员8人,由元首任命。

国会不复行使其立法权,召集之时甚少。开会原因,每为聆取元首发表演说或追认政府所施行之法律与政策。元首所提出议案,辄不加讨论以全体同意通过之。

一〇 英国(大不列颠联合王国)

United Kingdom of Great Britain
Royaume-Uni de Grande-Bretagne

面积 241,865方启罗密达

人口 46,040,458(1931年统计)

国都 伦敦 London

英国无修订成篇的宪法,历史上任何时期,英国人士从未尝以为其宪法有修订之必要。英国法律,无基本法与普通法之区别,法律之属于宪法性质者,其制定与修改,在程序上及形式上,与普通法律原无二致,是以"巴立门"(Parliament的音译)之立法权,绝无限制。英宪源流久远,其人民于继续不断努力中,造成政治自由制度。究考英国宪法者,于若干历史上重要文件:如1215年之《大宪章》(*Great Charter*)、1628年之《权利请愿书》(*Petition of right*)、1689年之《权利法案》(*Bill of rights*),等等之外,更当参照"巴立门"法案及法院判决之有关于宪政者,而许多政治上成规,为日常所引用而遵守者,虽无文字规定,其重要实不减于成文法典。

一、国王

英国现今王室为Saxe-Cobourg and Gotha。1917年7月17日,

乔治五世(Goerge V)在枢密会议(Privy council)中宣言:渠本人及其家族此后改称温德莎(Windsor)王室。英国以"法律主治"为基本原则,惟国王不可侵犯。按据"国王不至错误"原则,英王不负任何责任。

自原则上言之,凡历史上英国君主所操有之权。未经"巴立门"法案加以限制或承认为"巴立门"所有之"特权"(Privileges)者,英王仍得行使。但在习惯法上,王权日形削减,"巴立门"势力逐渐增加。英王所有权力,除成文法加以限制者外,虽然仍极繁多,如批准法律、任命阁员、任命所有文武官吏、宣战、磋订并批准所有条约、执行特赦之类,惟事实上至为有限。盖若干种权力,因久未执行而废止,其他在名义上固由国王执行,但为"国王不能单独执行"定则所拘束,必须有一阁员参加,发表文件,必须由阁员副署,英王未获阁员同意,不能有所执行。阁员由内阁总理选择,内阁总理之人选,则一视议院中政党情形如何而定,国王毫无抉择之自由。凡此惯例,俱属"宪法典则"(Convention of the Constitution),为国王所应遵守。

二、内阁

内阁大臣乃行政之负责首领,主持内阁政策,召集阁议。内阁开会时,国王例不得参加"内阁会议",与国王间所有应行接洽事宜,均由内阁大臣传达。内阁大臣并系国王之代表者。不仅关于"联合王国"(United Kingdom)事宜,即关于"大英帝国"(British Empire)者,内阁大臣亦有代表国王之资格。譬如帝国会议(Imperial conference）由内阁大臣主席，帝国国防会议（Comnittee of Imperial defence）由其主持，并有召集各“属邦”（dominions）之首相及海陆军领袖开会之权。

内阁大臣，应由众议院（House of Commons）中多数党之领袖（Leader）担任，倘众议院中无占绝对多数之政党，则由比较的人数最多之政党领袖担任。国王依照议院中政党情形而任命内阁大臣，内阁大臣亦以政党情形为人选之根据，而提出阁员名单，请国王任命之。内阁全体，连带负责，不能获得议院多数时，应向国王呈请辞职或请国王宣告众议院之改选。

内阁阁员无定额，而因事务增繁及阁席不敷分配等等原因，阁员人数日增。就其官职言之，内阁中可分为“内阁职”（Cabinet office）与“次要职”（Minor office）。习惯上内阁要政均由内阁大臣与若干职掌最重要之阁员商量决定，即所谓“腹部内阁”（inner cabinet）者。现今英国内阁，有下列各职：内阁大臣（Prime minister）、阁务会议主席（Lord presi ent of the council）、司法大臣、掌印大臣、财政大臣、内务大臣、外交大臣、属邦事务大臣、殖民地事务大臣、陆军大臣、航空大臣、印度事务大臣、海军大臣、商务大臣、社会保险事业大臣、交通部部长、教育部大臣、工部大臣、恤金部部长、农业及渔业部大臣、蓝伽斯脱公邑（Duckdom of Lancaster）司法官、公共工程部大臣、总检察官（Attorney general）、大讼师（Solicitor general）邮务大臣、税务总监（Paymaster general）、苏格兰事务大臣及次长若干人。

内阁阁员，原则上不限定自议员中遴选，但事实上阁员均由议员充任。众议院议员之被任为阁员者，在昔须将该议席重行选举，但该议员本人得参加竞选，再获选时，始得兼任，自1926年以来，此项程序业已撤消，阁员兼任议员毋庸再行选举。阁员得列席于其本身所隶属之议院，并有参加辩论权，但贵族院(House of Lords)议员之为阁员者不得列席众议院，众议院议员为阁员者，亦不得列席贵族院。

三、贵族院(House of Lords)

贵族院现有院员768人*，内：亲王5人，大主教2人，主教24人，公爵20人，侯爵27人，伯爵129人，子爵72人，男爵457人，苏格兰贵族16人，爱尔兰贵族16人，及司法议员(Law lords)5人。司法议员任职终身，平常不出席贵族院，惟于贵族院执行法庭职务时列席。

贵族院之贵族议员系世袭职，有承袭权者，年满27岁后得列席该院。贵族院院员由国王任命，无人数之限制，国王得因贵族院多数派之反抗，而任命大批院员以变更其多数，但自1712年以来，英王未尝实行该项权力，1832年及1911年之际，贵族院反对改革“巴立门”法案，以此要挟，卒获通过。

---

* 1938年版的原书中记载的贵族院中的768人，不含司法议员5人。同样的，下页提到的众议员议员的615人，不含大学校议员12人。若加上后，贵族院人数实为773人，众议员人数实为627人。——编者注

四、众议院(House of Commons)

众议员议员615人,内:英格兰议员492人,威尔士议员36人,苏格兰议员74人,北爱尔兰议员13人,大学校议员12人。任期7年。

每选民70000人,选举议员1人。英国采"推广选举权制度"(System of franchise),是以英国虽未尝揭橥"普及投票"原则(Suffrage universel),而其趋向,人民投票权日渐普及。1928年《人民代表法案》(*The Representation of People Act*),予妇女以投票权。享有选举权之人民,均得被选为众议院议员,但贵族院议员、法官、大部分官吏、供给国家之商人、曾经宣告破产尚未恢复者、被判决"不名誉罪"尚未受满刑罚者,不得被选。

立法权,由英王、贵族院、众议院(总称为"巴立门")共同执行。但自1911年"巴立门"改革法案通过后,贵族院之权业已锐减,而国王自1707年以来未尝拒绝核准法律,是以现今英国之立法权,几全操于众议院。

财政案(Money bill)通过众议院后,送达贵族院,倘历时1个月尚未照原案通过,众议院得呈请国王核准施行,财政案以外之其他法律案,于通过众议院后,送达贵族院,倘贵族院加以否决时,众议院得于下次会期中,将该案再提出通过。倘众议院曾于3个会期中,将该项法案通过,而贵族院辄加否决时,众议院得不顾贵族院之意见而径行呈请国王核准公布之。但自第二度通过至第三度通过中间须经过两年时间。局部之修改,不为众议院所接受者,与全部否决同。

一一　希腊 Greece Grece

面积　130,199方启罗密达

人口　6,315,000

国都　雅典　Athena,Athènes

1935年10月10日以前,希腊仍保有其1924年之民主宪法。1935年3月1日,雅典(Athènos)及萨拉美(Salamire)两地同时发生兵变,希腊自由党领袖,前国务总理樊尼西露氏(Venizelos)领率革命军反抗政府。政府军队由刚蒂里斯(Condylis)将军指挥,革命军旋即被克服。自樊尼西露氏革政之计划失败,右派得实行其独裁政府之企图。同年3月29日,政府召集国会通过取消上议院及改选下议院以修改宪法之提案。新选举于6月9日举行,自由党及共和党(Partis liberanx et republicains)迫于情势,放弃参加竞选,柴大理斯(Tsaldaris)之人民党(Parti Populaire)与刚蒂里斯之国家激进党(Parti radical-nationalist)大告胜利。

新议会召集,即讨论变更国体,以希腊为君主立宪国家,决议将该项问题召集人民投票(Plébiscite)表决。10月10日刚蒂里斯及若干军事领袖强迫内阁辞职,刚蒂里斯继任,提议废止民主政体,经国会通过。是年11月3日,举行人民投票以表决迎立希腊前国王乔治二世。结果赞成迎立废君者占全部票数97.88%。乔治二世(George Ⅱ)自伦敦返希腊,于11月25日入雅典,暂将1911

年之君主政体宪法恢复，以俟新宪法之成立。

1936 年 8 月，左派各工会，因不满政府所公布之劳工法令，发动全国总罢工风潮。政府以对付工潮为理由，宣告全国戒严，解散国会，由内阁总理梅达克萨斯（Metaxas）将军组成临时独裁政府，其宣言中谓：此种措置，系对有统系之反政府党派作有效的裁制，过去政府无力完成此种任务，故有加强政府组织之必要云。

一二　匈牙利 Hungary Hongrie

面积　92,963 方启罗密达

人口　8,688,319(1930 年统计)

国都　部达培斯特　Budapest

欧战前,匈牙利与奥地利亚根据奥匈两国 1867 年之协定,统治于同一君主。1918 年 11 月 13 日,查利四世(Charles Ⅳ)宣言退位,"个人联治"(Union personnelle)于是告终。匈牙利成立民主国家。但翌年民主政体,即被推翻,召集国会,选举摄政。

巴黎和会中所签订之《脱里阿朗条约》(*Traité de Trianon*)(1920 年 6 月 4 日)削减匈牙利国土几 1/3,人口几 2/5,并规定匈牙利不得放弃其独立主权。国体上虽经过重大变迁,但匈牙利仍保守其旧有宪章,自 1918 年以来,所有政治改革,皆以传统制度依然继续存在为根据。盖匈牙利宪法有若干点类似英国:(一)匈牙利无"硬性宪法"(Constitution rigide)之存在。虽有若干法典,因其内容重要,遂被认为基本法,但自法律上地位言之,该基本法与普通法律无殊,得以寻常立法程序加以修改。(二)匈牙利宪法,并非全有文字记载,其大部分建立于习惯上面,而被认为与成文法有同等效力。是以匈牙利宪法之修改,非属除旧布新,而系引申历史上成法使其与新环境适合,此匈牙利宪政沿革过程中,所特具之主要原则也。

一、摄政(Régent)

1918 年查利四世宣告放弃政权,少数革命党人柄政,召集国会(Conseil national),成立民主国,举加罗里(Comte Michel Karolyi)为总统。旋而劳工党人专政,组成工、农、兵士之委员制政府。1919 年 8 月 7 日该政府被反革命派所推翻,新政府以树立合法制度为其任务,于 1920 年 4 月召集普及民选之国会。

该国会以继承匈牙利历史上成规为其职责,通过《恢复宪政制度及国家最高权力之临时规定法》(*loisur le rétablissement de la Constitutionnalité et la règlementation provisoire de l'autorité suprême de l'Etat*)。自查利四世卸政,王位久虚,该法援引匈牙利历史上国王缺席或冲龄时由摄政代行职权之成例,规定于国家最高权力之执行形式尚未决定以前,举摄政执行之。但旧法中摄政之职权与国王同,兹制定摄政行使职权仅限于行政方面。嗣复辟运动宣告失败,查利四世之统治权被宣告终止,而 1723 年之法律(*Pragmatique Sanction*)规定奥地利王室(Maison d'Autriche)之承继权者亦被宣告作废,于是匈国人民得自由选择其国王。是种情形,自法律观点上及名义上言之,匈牙利均属君主国,但于王位谁属,尚未确定以前,国王职务由摄政暂代耳。

国会选举霍尔第上将(Amiral Nicolas Horthy do Nagypanya)为第一任摄政,其任期未经规定。倘元首问题尚未解决以前,摄政一职已虚,则两院开联席会议,以秘密投票方式,选一本国人继任。

摄政执行国王在行政方面所有之一切职权。对外代表国家,经由负责阁员而与他国订立联盟及其他条约，但有关于立法问题之条约，未经国会通过者不得成立。一切决定，未经阁员副署者无效，关于军事上之各项决定，亦应经阁员副署，但宪法上所赋予之指挥军队权，及组织军队内部权，不在此限。法律案通过国会，由摄政签署并公布之，倘认为有再行讨论之必要时，得于60日内将该法案送还国会再议，国会如将原案再行通过，摄政应于15日之内公布之。凡有关于国体及元首本身之法律案，不得行使此项特权。对外宣战，或在国境以外调遣军队，应先获国会之认可，但在危急情形之下，摄政得以内阁之负责而遣发军队于国境之外，惟须于事后即征求国会之同意。

摄政不负责，不得加以侵犯，惟众议院得对摄政提起违宪或违法之诉，该项提议，应由众议员百人以上署名提出，经众议院以2/3以上之多数通过时，上议院组织特别法庭审理之。

二、内阁(Conseil des ministres)

内阁总理由摄政任命，各部部长之人数规定为10人，由内阁总理提出请摄政任命之。阁员有列席国会及发言权。匈牙利议会惯例，内阁惟于国家预算案提出时发生信任问题，其他法律案之通过与否，认为政党问题，即使国会反对政府主张，内阁亦无须辞职。

阁员违背国家法律，侵犯人民身体之自由与财产权，或挪动公款者，负刑事上责任。众议院得以过半数之多数通过对阁员起诉，上议院组织特别法庭审理之。

三、国会(Diète)

匈牙利于1926年恢复两院制度,但组织上两院仍多共同之点。两院有共同之会所及共同之预算案,由众议院议长负管理之责。两院之执事人员,暨归众议院议长约束,惟就中遴选一部分人员,服务上议院,由众议院议长会同上议院议长指定之。彼此相关之规程,由两院共同商讨,国会规则,则由两院各举院员5人组织委员会制定之。举行开会仪式,选举国王或摄政,及聆取国王或摄政就职宣誓时,两院开联席会议。

国会之开会闭会,由摄政宣告。摄政得宣告国会之提前开会或延期开会,但延期不得过30日。摄政有解散国会权,但解散命令中,应规定选举举行日期,俾新国会得于3个月内召集。倘国会之解散或其延期开会之宣告发生于国家预算案未通过以前,则该年内须有国会之召集,俾该年度预算案得于年底以前通过。

众议院　众议院议员245人,由人民直接选举。任期5年。被选举为众议员者,应年满30岁。人民男性年满24岁,或女性年满30岁(获有高等学校文凭者无年龄之限制),满足居住所之条件,并受有相当教育者有投票权。

上议院　上议院议员分下列三种:(一)法定议员。哈伯斯堡劳伦(Habsbourg-Lorraine)王室中人,匈牙利之各贵爵(Barons),及若干高级官吏为上议院之法定议员。(二)选任议员。有列席"贵族院"(Chambre des Magnats)权者选举代表42人,各城市选举代表76人,法定各团体选举代表45人,列席上议院。选任议员之任期

10 年，当选者应年满 35 岁以上。（三）终身议员。由元首任命，任职终身，其人数以 40 人为限。

除财政案应先通过众议院外，关于立法事项，两院在原则上处于平等地位。法律案经一院通过者，移交他院讨论，该院应于收到后 6 个月内表决之。两院对于某一法律案意见不能一致时，由两院中对于该法律案有管辖权之委员会联席讨论之。该各委员会将该法律案修改后再提付表决，仍不能通过时，再由该各委员会共同讨论修改之。倘经过两次调解程序，该法律案仍不能通过两院，而反对该法案者为上议院，则众议院得不顾上议院之意见，将该法案送请元首公布。上述 6 个月内付表决之规定，如上议院不遵守时，众议院亦得将所通过之法律案径行请元首公布。

摄政无拒绝批准法律案之权，于收到国会所通过之法律案后，应有 60 日内签字公布之，但得将原案送还国会再行讨论（见上）。凡未经上议院通过之法律案，众议院因 6 个月期限已过或调解程序无效（见上）而径行请摄政公布时，摄政得徇从众议院之请求而公布该项法律案，或宣告众议院之解散（解散国会见前）。

财政案应先由众议院通过。凡国家预算案及纯粹关于国库收入与支出之案，经众议院通过后，上议院应于送达 1 个月内表决之。倘上议院不遵守 1 个月之期限或不同意众议院之决议而经过调解程序无效时，众议院得将原案送请元首执行。

一三　爱尔兰自由邦 Irish Free State Etat libre d'Irlande

面积　68,895方启罗密达

人口　2,952,000(1931年统计)

国都　都伯林　Dublin

1920年12月23日英议院通过《爱尔兰政府法案》(*Act on provide for the better government of Ireland*)。该法案允许爱尔兰设置行政院及议院(北爱尔兰及南爱尔兰分别设立议院),但爱尔兰仍系大不列颠联合王国之一分子,英议院内,仍有爱尔兰议员列席,惟关于爱尔兰内部事宜,采取自治制度。爱尔兰议院为维持和平、秩序,与"善良之政府"起见,得订立法律,但关于战争、媾和、军备、对外问题、入籍(Naturalisation)、对外通商、铸币等等事件,无立法权。

该法案为北爱尔兰各地(Dawn,Antrin,Londonderry,Armagh,Tyrone,Fermanagh,Belfast)所接受,然爱尔兰南部已于1919年1月宣布成立民主国,拒绝该项法案,而根据1921年12月与英政府所签订之条约,要求扩大自主之权。1922年3月31日英议院复通过《爱尔兰自由邦法案》(*Irish Free State Act*),该法案仅适用于爱尔兰南部。因是爱尔兰自由邦系指南爱尔兰而言,至其北部,则依照1920年之《爱尔兰政府法案》,情形不同。

爱尔兰自由邦宪法会议于1922年10月25日通过爱尔兰宪

法,该宪法援据1921年之英爱条约,爱尔兰与英国之关系,一视坎拿大及其他“属邦”(Dominion)在法律上暨惯例上所处之地位。该宪法并经英议院承认。

一、英王及驻爱尔兰总督

英王以驻爱尔兰总督为其代表,执行其行政上与立法上所有之职权。驻爱总督,由英王任命,但须咨询爱尔兰行政院之意见。驻爱总督以行政院之襄助与劝告执行其职务,向爱尔兰国会负责。

二、行政院(Conseil Executif)

行政院以国务员5人至12人组成,内应有国务总理1人,副总理1人及财政部部长1人。国务员均由众议院议员充任,惟国务总理、副总理及财政部长3人中得有上议院议员1人。议员之被任为国务员者,选举时仍得参加竞选。英王之代表,即驻爱总督,依照众议院之意见而任命国务总理,并因国务总理之提出而任命副国务总理及其他国务员。国务总理及各国务员向国会连带负责。有列席国会权,请求发言时,国会不得拒绝。不获众议院信任时,应即辞职。

三、国会(Direachtas)

国会以国王、众议院、上议院三分子构成。两院每年开会至少1次,开会、闭会日期,由众议院规定,上议院如未获众议院同意,不得闭会。行政院不获议会多数党之信任时,得请英王代表解散议会,除是种情形外,议会不得被解除。

众议院(Dail Eireann) 每人口20000人至30000人选举众议员1人,每一大学校选举众议员3人。人民男女两性年满21岁者有投票权。被选举为众议员者应年满21岁。众议院之任期,由法律规定,但不得超过6年,现行法律规定为5年。

上议院(Seanad Eireann) 上议院议员人数规定为60人,由人民年满30岁者直接选举。被选举者亦应年满30岁。任期9年,每3年改选1/3。(按上议院于1936年废止)

法律案经两院通过后,应由行政院送请驻爱总督代表英王加以认可。驻爱总督得按照坎拿大宪政上规例拒绝认可或保留俟英王认可,但事实上此种权限未尝行使。

有关于赋税、国库收支、审计、公债等者,皆属财政案(Money bill)。财政案之立法权,专属于众议院。上议院得于众议院通过后21日内提出其意见(Recommandation),但众议院得不加采纳。财政案以外之其他法案,通过众议院后,倘上议院拒绝通过或不于60日之内通过,下议院得于翌年开会时,再将原案(或加修改后)通过,再度送达上议院,倘经60日尚未通过时,众议院得认为已经两院通过。

四、宪法之修改

现宪法颁行16年后，得举行修宪。修宪程序与普通立法同，但通过两院后，应召集人民投票。倘有过半数之选民登记参加该项投票，而投票结果，赞成票占全部票数2/3以上或超过登记人数一半以上时，该修正案通过生效。

（附注）按目前爱尔兰宪法，已在修改过程中。新宪中有总统之设立，爱尔兰成为完全自主之国家。但英国人士以为该新宪法应经北爱尔兰及大不列颠王国之承认。目前宪法草案，虽经爱尔兰议院通过，但英议院尚未加承认。

一四　意大利 Italy Italie

面积　310,140 方启罗密达

人口　43,242,000(1936 年统计)

国都　罗马　Roma,Rome

18 世纪之末,意大利半岛尚未统一,各地树立政府,颁布宪法,自 1797 年至 1849 年间,该半岛中前后公布施行之宪法及组织法计 23 种。嗣沙丁纳(Sardaigne)国王维克多爱麦虞限二世(Victor-Emmanue Ⅱ)藉其首相葛孚(Cavour)之辅助造成意大利之统一,是以在许多宪法中,屹然独存而成为一统意大利之宪法者,厥惟沙丁纳王国 1848 年 3 月 4 日所宣布之《基本法》(*Statut fondamental du Royaume de Sardaigne*)。维克多爱麦虞限二世于 1861 年 3 月 17 日称意大利国王,意大利立国自是始。1871 年 2 月奠都罗马。

《沙丁纳王国基本法》自法西斯(Parti nationl fasciste)执政以来,未尝正式作废。该《基本法》本属"柔性宪法"(Constitution souple),修改时无须经特别程序,得照普通立法手续加以改变。是以意大利今日虽已建立新制度,迥异以前政体,而无庸宣告旧宪法之废止。

1922 年 10 月,法西斯党人在事实上已握有全部政权,国王召墨索里尼氏组织内阁,表面上仍依照宪法行事。国会通过议案,授予内阁以改革政治组织,建立威权主义(Principe d'autorité)政府之全权，自是宪法中所有之各种机构依然存在，其名称亦仍其旧，但法西斯政府得以法律变更一切，与1848年之《基本法》初无抵触。

此极端复杂之政治制度，既于表面上保留旧制度，复以党的组织加于正式政府机构之上，分析之可举要如下：

（一）意大利国王依然在位。原则上凡1848年3月4日《沙丁纳王国基本法》中所授予国王之一切特权未经法律修改者，仍为现今意大利国王所享有。但以内阁总理地位之隆重，自实际上言之，国王无任命或罢免内阁总理及阁员之权，而内阁总理事实上不向国王负责。

（二）参议院（Senat）依然存在，其组织较前大致无殊。参议院议员，除王室亲王为法定参议员外，由国王任命，任职终身。国王任命参议员时，应就若干种人中选择之，如高级官吏、外交人员、众议院议员、在科学界或美术界负有时誉者、富有资产者等等。意大利参议院议员人数近达395人，议长、副议长昔归参议院自行推选，自1933年以来，改由国王任命。

（三）众议院名称仍旧，但组织上完全更改。众议员人数自600人减为400人。议员之选举，经过三种阶段，冶三种制度于一炉，即工会制度（Syndicalisme）、一党独裁制度（dictature d'un Parti）及平民政治制度（democratie）是也。按照1928年5月17日法律，经1933年10月26日、12月14日等次之修改，众议员之选举应如下述：1. 各种全国同业公会，暨曾经政府核准之各会社（Conféderation nationale d'associations syndicales et les offices et associations autorisés）选出候选人800名，其名额之分配由法律定之。2. 该项候选人名单送达法西斯最高议院（le grand conseil fascist），由该院就名单中圈定400人，但该院亦得在名单以外，于征求各该同业公会意见后,提出议员若干人。3. 法西斯最高议院将所圈定名单召集人民投票表决。人民无选举某一议员或否认某一代表之权。举行投票时,人民所应作答复者,即赞成或否决法西斯最高议院所提出众议院议员名单之全部。人民年满 21 岁或已结婚者有投票权,投票者各收到“可”字票与“否”字票各一纸,而投其一于票匭之内,投票时采公开形式。

(四)内阁总理之地位。1925 年 12 月 24 日法律:“内阁总理为政府首领。”(le Premier ministre est le chef du gonvernement.)各部部长向国王并向政府首领负责。法律提案不获政府首领赞同者不得向国会提出。国会所否决之法律案,3 个月后政府首领得再向国会提出,国会应不加讨论以秘密投票方式再付表决。1926 年 1 月 31 日法律扩大行政首领之颁行教令权。墨索里尼之地位,在政治史上无可比拟,其为政府首领,既非被举,亦不得谓为被任命,执行职务不受国会多数派之掣肘,其任期无限制。内阁总理又为其他各阁员之长官,以国王签署之命令,内阁总理得随时更易其阁员。内阁总理常兼摄若干部务,各部之设立与职务之分配,均由内阁总埋以国王签署之命令规定之。法律上,危害政府首领之生命与安全者,处无期徒刑,与危害元首罪相埒,是其超越之地位,亦经法律确定也。

(五)法西斯最高议院(Grand conseil fascist)成立于 1923 年 1 月 12 日。1928 年 12 月 9 日法律第一条内称:“法西斯最高议院乃调剂并节制所有自 1922 年革命而产生的制度中一切动作之最高机关。该议院行使法律上所赋予之立法权,并因政府首领之咨询而发表其对于政治上、经济上及社会上各种问题之意见。”政府首领为该院之当然主席,主席认为有必要时,召集院员开会并规定其议事日程。该议院之组织与法西斯党的组织有连带关系，党的首领即该院的主席，党的秘书长即该院的秘书长，等等。该议院之固定的，且重要的职务有下述数端：提出众议院议员名单（见前），选举党部之重要职员，常川准备墨索里尼之继任人名单，于必要时，呈请国王就名单中指定之。该议院负有维持法西斯制度于永久之任务，俾法西斯组织不致因首领之死亡而瓦解。院员人数在初成立时为56人，嗣减为20人。1922年10月革命之领袖4人为该院之永远院员，两院议长、外交部长、内政部长、司法部长、财政部长、教育部长、农业部长、合作部长、国家学院院长等，在任职期间为该院之当然院员，其余院员由政府首领选任。任期3年。

一五　拉特维亚 Latvia Latvie（Lettonie）

面积　65,791方启罗密达

人口　1,900,045（1930年统计）

国都　黎加　Riga

拉特维亚于欧战后独立。1920年4月召集宪法会议，并正式宣布拉特维亚之独立。先行通过“临时约法”，由该宪法会议主持国政，嗣于1922年4月15日通过民主政体宪法，于是年11月7日施行。

1922年宪法，自1934年5月15日发生政变后，业已失效。先是，内阁与国会因修宪问题发生争执。内阁提出新宪法草案，以加强总统职权为目标。关于修改宪法之提案，通过国会时应获2/3以上之多数，该草案辄经国会修正，而迄未能以法定之多数通过。同时反对议院制度，主张独裁政体者颇占势力。内阁总理姚曼立斯（Ulmanis）召集军队，遣散国会，并逮捕社会党各首领，解散所有政党。但1922年宪法，并未经正式宣告废止。

一、总统

总统由国会选举。任期3年，连任以1次为限。国会有罢免总统权。经国会议员过半数以上之提议,开秘密会议,以 2/3 以上之多数通过总统免职案时,总统应即辞职。国会于通过总统免职案后,应即选举继任总统。总统缺席时,以国会议长,摄行其职务。

总统对外代表国家,依照国会之决议而签订国际间条约。统率全国军队,被他国侵犯时,总统得执行必要之处分,并召集国会以表决宣战。一切命令均须经阁员副署,但任命内阁总理及解散国会之命令不在此限。

总统得提议解散国会,举行人民投票以表决之。人民投票结果,如赞成票占过半数时,总统之提议生效。新选举应于两个月内举行,新国会应于选举揭晓 1 个月内召集。新国会未开会前,旧国会仍保有其代表权,但非经总统召集不得开会。

二、内阁

内阁总理,由总统任命,其他阁员,由内阁总理选任,阁员人数,以法律规定之。内阁总理得要求某一阁员辞职,虽国会未尝对该阁员表示不信任。内阁人选已定,内阁总理应即通知总统及国会议长,国会议长提向国会通过,内阁于信任案通过国会后就职,税务总监、教育总监及管理少数民族事务之长官皆得列席阁议,以备咨询,但无表决权。内阁总理得邀请某某加入内阁为不管部务阁员或"助理阁员"(Ministre adjoint)。内阁全体或某一阁员于提案时不获国会信任,或国会对内阁全体或某一阁员提起不信任案经通过时,应即辞职。

三、国会(Saeima)(于1934年5月15日政变时被解散,新国会延未召集。)

国会采独院制。议员百人,由人民男女两性年满21岁者以直接、普及、秘密及比例代表之投票制度选举之。任期3年。国会之常会与临时会,开会时期,均由"国会事务所"(Bureau de l' assemblée)决定并召集之。倘总统、内阁总理或议员1/3要求召集国会,"国会事务所"应即召集开会。

国会中各委员会应各有委员5人以上。总统、国务会议(Conseil des ministres)及国会中之各委员会有提议法律权。法律案通过国会,总统应于送达后7日以后21日以内公布之。总统得于7日之内,叙明理由将该法案退回国会再议,但国会曾以2/3以上之多数宣称某一法案属于紧急性质者不在此限。退回再议之法律案,如经国会以过半数之多数再通过时,总统应即公布之。总统对国会所通过之法律案,有所不赞同时,尚得于7日之内以国会议员1/3以上之要求,将该项法律草案延期两个月公布。在此时期内,倘有选民全体1/10以上要求将该法案提交人民投票表决时,应举行人民投票复决之。该项人民投票,倘获选民过半数以上参加,而多数反对该法律案时,该法律案应行作废。上述人民投票,不适用于预算案、公债案、赋税案、关税案、铁路价目案、征兵征役案、宣战案、媾和案及条约案等,以及曾经国会以2/3以上之多数宣称属于紧急性质之法律。

四、修改宪法程序

修改宪法之提案，得以国会议员 2/3 以上之出席，2/3 以上之多数三读通过。但有关于民主政体、国境及人民投票权者，须经人民复决。选民全体 1/10 以上得提出宪法草案或修正案，由总统交国会讨论表决之。倘国会加以重要修改后通过时，应举行人民投票为最后之决定。

一六　立陶宛 Lithuania Lithuanie

面积　52,822方启罗密达

人口　2,392,983(1932年统计)

国都　科那斯　Kaunas

立陶宛昔隶波兰。1795年俄、普、奥三国瓜分波兰。立陶宛属俄(惟一小部分归普鲁士管辖)。欧战时俄国革命,立陶宛乘机宣布独立。1917年之际,立陶宛政府曾拟加入德意志联邦。欧战告终,立陶宛国会选举"执行委员会"(Direotoire exécutif)暂行负责主持国政,并通过1918年之临时宪法。1920年召集宪法会议,成立民主政权,于1922年8月1日通过《立陶宛民主国宪法》。

该宪法偏重议会之职权,议会方面势力,显然优越于行政方面。施行之后,政局呈不稳现象。1926年国会改选,左派各政党,复大获胜利,政潮益剧。是年12月军人党派推翻政府,以史末唐那(Smetona)为总统。国会迫于情势,不得不追认此已成之事实。是以宪法虽未经废止,而国会无权,政府有独裁之实。1927年,国会被解散,新选举未尝举行,国家主义党(Parti nationaliste)独揽政权,1922年宪法,至是已成废纸。

1928年5月25日,政府自动宣布新宪法。按照宪文规定,该宪法本身,应经人民投票认可,但该项人民投票于10年后举行,而该宪法得由政府公布后,立即置诸实施,虽有关于国会之规定,并有国会限期召集之条文，但载明此项期限，不适用于首届国会之召集，是以政府得延不举行国会之选举。立陶宛现今政体显属独裁，但可云有宪法为根据耳。

一、总统

总统任期 7 年，连选得连任。总统之选举，召集特种团体举行之，该团体如何组织，由法律规定。总统命令，应经内阁阁员副署，但总统有罢免内阁全体或任何阁员之权，内阁须听命于总统。

于通常元首所赋有之特权外，立陶宛总统在国会不开会或暂停开会时期，得颁发与法律有同等效力之教令（décret lois），惟于国会加以更改时失效。国会不开会或碍难召集开会时期，宪法上赋予国会之批准预算案权、批准条约权及起诉阁员权，均由总统执行。遇有战争、武装之内变或其他妨害国家安全之事故发生时，总统得以国务会议之建议而宣告全国或局部之戒严，或其他非常制度，停止宪法之保障，必要时调用兵力。

二、内阁

总统任命内阁总理，并因内阁总理之提出，而任命其他阁员。国务会议以总统为其主席。总统有罢免内阁全体或某一阁员之权。内阁并向国会负责，倘国会以 3/5 以上之多数通过不信任内阁案时，内阁应即辞职。

三、国会(Seimas)(1936年6月,按照新选举法,举行选举。被举议员,完全属于政府党。)

国会采独院制。5年改选1次。由人民男女两性年满24岁者直接选举。被选举者应年满30岁,每年开常会两次,于4月及9月之第一个星期二日举行。临时会由总统召集,或因议员3/5以上之提议并声明所讨论事项而召集之。

国会通过法律案,总统应于1个月之内公布。在此期间内,总统得将原案退还国会再议,国会如以2/3以上之多数再通过时,总统应即公布之。凡国会所通过或所否决之法律案,倘经总统或选民50000人以上,提议将该法律案举行人民投票复决时,应即举行复决。

总统、国会及人民均有提议法律权。选民25000人以上联名,得提出法律草案或修正案。总统及国会提出法律案时,得征求参政院(Conseil d'Etat)之协助。参政院院员,由总统任命。其职务在于接受政府或立法团体之委托而起草法律案,并审查国会所通过之法律案,得提出应行注意之点。

四、宪法之修改

总统或选民50000人以上得提议修改宪法。宪法案通过国会时,应获3/5以上之多数。宪法案经国会表决后(赞成或否决),应将该决议公布之。公布后3个月之内,总统或选民50000人以上得提议将该项决议举行人民投票复决之。倘总统及选民未作是项要求,则该项决议于公布3个月后生效。

一七　荷兰 Netherland Pays-Bas(Hollande)

面积　34,224,060 方启罗密达

人口　8,474,409(1936 年 1 月 1 日统计)

国都　海牙　The Hague, La Haye

1795 年以前,荷兰尚未成统一国家,时称联合诸省(Provinces Unies),实行联邦制度。1795 年,成立巴达维亚民主国(Republique Batave)。1798 年召集国会,通过宪法,并将该宪法举行人民投票,经民众多数赞同。该宪法采法国革命纪元三年制度(Constitution de l'an Ⅲ),设立合议政府,以五人委员会为最高行政机关,立法权操于两种议会。

1798 年宪法施行未久被废,国宪迭更,拿破仑时代,荷兰曾一度归并于法兰西帝国。1814 年各国联军击败拿破仑时,威廉一世(Guillaume-Frederic de Nassau)入荷兰,称"统治君王"(Prince souverain)。是年 3 月,威廉集国内"名流"(Notables)于阿姆斯脱达姆(Amsterdam),提出宪法草案,经参加会议者通过。1814 年 5 月 30 日之《巴黎条约》,合比利时与荷兰为低原王国(Royaume des Pays Bas),威廉一世,始称国王。政体上种种变迁,使宪法有修订之必要。修宪委员会于是时成立,会员 22 人中,隶属比利时籍者 11 人。该委员会所编成之宪法草案,经荷兰国会正式通过,而比利时之"名流会议"则以 796 票对 527 票否决该项草案,但国王卒将该宪法于1815年8月24日分布施行。

荷兰现行宪法，即1815年所公布，但迭经重要之修改，如，1840年，比利时脱离荷兰独立时，宪法曾经修改，1848年10月11日，颁布具有宪法性质之法律，将1815年宪法大加修改。嗣于1887年11月30日，复举行重要之修改，虽章节仍旧，但1848年所修订条文，大部分于1887年时变更，尤其是关于王位继承、选举权、国会组织、司法及军队管辖权诸端。

一、国王

王位由Orange-Nassau王室嫡系长男继承，无男性嗣君时，得由女子继位。倘按照国家基本法所规定，王位乏人承继时，国王得召集非常国会(Etats généraux)，其人数两倍于普通国会人数，提出承继人，由该会通过。倘国王逝世，不曾指定其承继人时，国会应于4个月内举行王位承继人之指定。国王如未成年，应颁布法律，订立摄政制度，以代行国王之职权。当嗣王或摄政尚未指定时期，参政院(Conseil d'Etat)暂摄国政。

国王执掌行政之权，统率军队，指导国家财政，规定所有由国库支给之各机关经费及官吏俸额。指挥对外政策，原则上，签订所有条约，均须通过国会，但其批准权如经法律保留者，不在此限。对外宣战，应经国会通过。关于立法事项。国王有提议权及批准权(Sanction)，得制定各项条例，但所制定条例，不得将罚则列入。未经法律加以责效之规定时，违反该项条例者不得处罚。

二、国务员(Ministres d'Etat)

各国务员由国王任命及罢免。国务员向国会两院负责,有列席两院权,但如非该院议员,列席时仅备咨询。国会提出不信任案时,在惯例上国务员应即辞职,但无法律之根据。荷兰国会,不常对内阁全体提出不信任案,国会中两院任何一院,得拒绝某一国务员所提出之预算案,或反对某一国务员之政策,内阁全体得宣言与该国务员连带负责而共同辞职,但内阁全体如无此项声明时,惟该国务员单独辞职。荷兰国务总理,常兼摄一部或数部部务。

三、参政院(Conseil d'Etat)

参政院由国王、王太子及其他由国王任命之院员 15 人组成。凡国王拟向国会提出之法律案及所制订之"行政条例"(Règlement d'administration publique),均由参政院先行讨论表决。国会亦得将提议事项,交参政院先行讨论。此外其他事项,国王如认为必要时,亦得咨询参政院之意见。

四、国会(Etats Généraux)

国会分两院。常会于每年 9 月之第三个星期二日举行,开会期间，最短20日。临时会由国王召集，惟国王逝世时，国会应于第5日自行召集开会。国王有解散国会权，新选举应于40日内举行，新国会应于3个月内召集。

下议院　议员人数百人，由人民男女两性年满25岁者，以直接秘密之投票制度选举之，有投票权者，不得放弃参加。被选举为下议院议员者，应年满30岁以上。每4年全部改选1次。每年于常会开会时，推举议长候选人3人，由国王指定1人为该院议长。

上议院　议员人数50人，由各“省议会”（Etats Provinciaux）选举。任期6年，每3年改选议员之半。

关于立法事项，国王及下议院有提议权。上议院但能将下议院所通过之法律案全部接受或否决，不得加修改。法律经两院通过后，应获国王批准公布而生效。

五、宪法之修改

国王及国会同意于修宪之提议时，应以法律宣布该项提议之应加讨论。国会当即改选。修宪案由新国会讨论，通过时应获2/3以上之同意票。

一八　挪威 Norway Norvège

面积　323,000 方启罗密达

人口　2,814,194(1930 年统计)

国都　俄斯路　Oslo

欧洲各国之现行宪法,除英国与匈牙利情形特殊而外,其颁布日期,以瑞典及挪威之宪法为最早。挪威宪法,曾经 50 余次之修改,而其颁行日期,则在 1814 年 11 月 4 日。

一、行政

挪威王位,由 Slesvig-Holstein-Sonderbourg-Glucksbourg 王室嫡系男性序长者继承,倘无男性嗣王时,国会(Storting)选举 1 人继位。国王应隶属于路得福音教会(Religion êvangélique Luthérieune)。18 岁为成年。以内阁(Conseil des ministres)之辅佐,而执掌行政之权。规定各项宗教典礼之仪式。任命所有官吏。执行特赦。有召集军队权,对外宣战、媾和及订立同盟等等。

国王一切命令,应经国务卿(Ministre d'Etat)之副署。内阁中有国务卿 1 人及其他阁员至少 7 人。国务卿及各阁员均由国王任命。被任为阁员者,应年满 30 岁以上。阁员中应有半数以上隶属于路得福音教会。国王任命内阁阁员，不以国会议员为限。国会议员之被任为阁员者，在执行职务时期，不得列席国会。

内阁阁员倘有参预国王违背国宪或贻害国家之行为者，负刑事责任，由下议院起诉，高等法庭（Hautecour）审理之。惯例上内阁向国会负政治责任，但不经宪法规定。

二、立法

挪威国会（Storting）分两部：拉格丁（Lagting）（兹译为上院）及奥德斯丁（Odelsting）（兹译为下院）。但两院在选举时，初无分别，国会议员同时由人民直接选举。惟每届新国会于初次召集常会时，即自行推选议员1/4为上院议员，其余议员，为下院议员。

国会议员定额150人，由人民直接选举。农村区域选举议员百人，城市区域选举议员50人，人民男女两性（女子投票权自1913年实行）年满23岁，在国内居住满5年以上者有投票权。被选举为国会议员者，应年龄在30以上，在挪威居住满10年以上，并在该选举区内登记其选举权者。曾充内阁阁员者，得不受居住条件之限制。国会每3年改选一次。被举为议员者，不得辞不就职，惟有正当理由者，经国会审查核准后得免任职。已经列席于某一届国会，并曾继续出席常会三届以上者，辞职时得不受国会审查。

国会每年开常会1次，于正月10日后之第一个工作日举行。常会由国会自行召集，临时会由国王召集。按上述形式分立之上、下两院，议事时分别开会，各自选举其议长、秘书长，但讨论预算案、修宪案及其他政治性质提案、如，内阁信任案、质问案、讨论国王“诏书”(Adresse Royale),等等时,两院仍联合开会表决之。

所有法律案,均先由下院(Odelsting)讨论。下院通过后,倘上院(Lagting)两次投票表示反对时,应召开国会(两院联席)(Storting)以2/3之多数表决之。法律案通过国会后,应获国王批准。国王得拒绝批准,但国会倘于3次会期中,继续将该案提出通过,改选后新国会亦将该案提出通过,则经过三届国会通过后,该法案虽不获国王批准,亦得成为法律。

三、宪法之修改

挪威宪法中规定,修改提案,以不违反于现宪法之精神及原则者为限。修宪动议,倘经国会通过,应俟该国会改选后,再提向新国会表决之,如获2/3以上之多数,该案通过有效。凡宪法之修改,无须交国王批准。

一九　波兰 Poland Pologne

面积　388,600 方启罗密达

人口　33,400,000

国都　华沙　Warsaw, Varsovie

波兰1921年3月17日宪法,本属平民主义议院制度之宪法。国会中党派分歧,政局不稳,促成俾尔史特斯基(Pilsudski)之独裁政府。自1926年以来,政府党(Bloc gouvernemental)迭提议修宪,以加强行政部威权为目标。1933年8月,政府党主席斯拉威克上尉(Colonel Slawek)提出修宪大纲,旋而国会副议长茄氏(Stanis as Car)向国会提出新宪法草案,内容扼要之点如下:(一)总统在国家各种权力之间,处于真正公正人之地位。(二)传统形式之分权制度,予以改革。(三)行政部权力,有巨量之加增。(四)议院仍有立法及监督政府之权,但放弃纯粹之议院制度政体。(五)司法权独立,但法官只能引用法律,无"酌释"(Appreciation)法律权。

该草案为反政府各派所极端抨击,谓为剥夺人民参加政治之权,讨论时,反对派议员拒绝出席。但该宪法草案卒于1935年4月23日通过国会公布施行,其内容之概要如下。

一、总统

总统任期7年，由特种选举团体选举。该团体以参议院议长、国会议长、国务总理、最高法院院长、军事总监（Inspecteur-général de la force armée）（俾尔史特斯基常以陆军总长兼摄此职，1935年5月12日俾氏逝世，由Smigly-Rydz继任，1936年7月16日正式宣告军事总监之地位，仅次于总统，所有官吏，自国务总理以下，均应对之表示尊敬与服从。）及其他负有时望之人士75人（参议院指定25人，国会指定50人）组成之。

总统不负政治行为（Actes de gouvernement）之责任，对外代表国家，磋商并签订条约，决定宣战与媾和，召集国会及参议员开会，宣告其闭会与延会，并系军事之最高领袖。于通常元首所赋有之职权外，波兰宪法规定总统有“个人之特权”（Prerogatives personnelles），执行时无须经阁员副署，兹举之如下：（一）于其任期未满以前，总统得指定一总统候补人，或于继任人物选出后7天之内，提出另一候补人，而以该候补人与选举会所选出之继任人，同时举行人民投票决定之。（二）倘选举继任总统问题，发生于战争时期，则总统得指定其继任人。（三）任命或罢免国务总理、最高法院院长、最高监察院（Chambre suprême de contrôl）院长、军事总监、国家法院（Tribunal de I'Etat）法官及参议院议员。（四）解散国会及参议院。（五）提出内阁人员之罪状，交付“国家法院”审理。（六）执行特赦。

二、内阁

内阁总理由总统任命，其他阁员，由内阁总理提出请总统任命。内阁总理及各阁员向总统负政治上责任，总统得随时罢免之。国会得要求内阁全体或某一阁员之辞职，此种提案，惟于国会开常会期间得提出，提出时不得即席付表决，应于下次开会时投票决定。国会倘通过内阁或阁员之辞职案，而总统不将该内阁或该阁员罢免，亦不宣告国会之解散时，则该项提议应交参议院讨论之。倘参议院亦通过辞职案时，则总统应将该内阁或该阁员罢免，或宣告解散国会。

阁员向国家法院（Tribunal de l'Etat）负宪法上之责任，执行职务时，不得侵犯宪法或法律，总统及两院均得对阁员之违法者提起控诉。国会或参议院起诉阁员，须经两院联席会议，以过半数以上之出席，3/5 以上之多数通过后提出之。

阁员有列席国会并发言权，被质问时，须于45 日之内答复或说明拒绝答复之理由。

三、国会（Diète）

国会议员208 人（按照1935 年7 月8 日选举法之规定），由人民男女两性年满24 岁者以普及、秘密、平等、直接之投票制度选举之。被选举者应年满30 岁。

国会每年开常会1次,至迟于11月以前举行。开会期间,最短4个月,但国家预算案,如已通过,得提前闭会。总统得宣告国会之延期开会,延期以30日为限,超过30日或再度宣告延期时,应获国会同意。国会临时会,由总统召集或因内阁或国会议长之提议经法定议员人数过半数以上之议员请求而召集。国会被总统解散时,新选举应于30日之内宣布,于宣布后60日之内举行。

四、参议院(Senat)

参议院议员96人,由总统任命者1/3,由特种团体选举者2/3。选举参议员之团体,由法定之若干种人,如受有某种勋章者,曾获高等教育文凭者,各村议会、各市议会议员,等等,组成之。选举人应年满30岁,被选举者应年满40岁。

参议院之职权,经宪法规定如下:以第二种立法团体之地位,研究国家预算案及法律案之通过于国会者,参加监督政府。关于下列各项决议,参议院与国会处于平等地位,但无提议权。(一)关于内阁全体或某一阁员之辞职。(二)法律案通过国会后,总统将该案退还国会再行讨论。(三)宪法修正案。(四)撤消特别制度之法令。

五、立法程序

政府及国会有建议法律权,惟关于财政预算之提案,建议权专属于政府，国会未获政府同意，不得通过任何法律之足以增加国家经费者。法律案通过国会后，移交参议院，参议院非以3/5以上之多数，不得否决国会所通过之法律案。法律案通过两院后，在30日之内，总统得将该案付国会再议，倘两院仍以过半数通过该案时，总统应即公布之。

商务或关税之条约，足以增加国库之负担或足以变更国家领土权者，应以法律提案方式向国会提出，经国会通过始能批准。

遇紧急情形发生，值议会在闭会期中，总统得颁发与法律有同等效力之教令（décrets-lois），但以不抵触下列各项者为限：（一）宪法。（二）两院选举法。（三）预算案（在紧急情形之下，政府得于阁议通过后动用公款，但须于7日内通知国会）。（四）赋税及专利。（五）币制。（六）公债。是种教令，因内阁提议而颁发，非经过立法手续，不得加以更改或撤消。关于政府组织、军队调遣及各行政机关之组织，总统得随时颁发教令，非以立法手续不得更改或撤消之。

六、宪法之修改

总统、内阁及国会得提议修宪。国会提议修宪，须以法定议员人数1/4以上联名提出。由总统提出之修宪案，经两院出席人数多数通过者有效，由内阁或国会提出之修宪案，须经两院法定人数多数通过，始能生效。

修改宪法案通过两院后，总统得于60日内交付再议，倘两院仍以多数通过时，总统应将该案公布，或宣告两院之解散。

二〇　葡萄牙 Portugal Portugal

面积　91,764 方启罗密达

人口　6,825,883(1930 年统计)

国都　里斯本　Lisbon, Lisbonne

葡萄牙 1911 年宪法,于 1926 年 5 月发生政变时事实上被废。总统辞职,军人领袖加巴塞大(Cabacedas)以内阁总理摄行总统职务,实行独裁。1928 年,政府通告,不久将公布国宪。1930 年 8 月,国家联合党(Parti de l'Union nationale)在政府指挥之下成立。据执政者宣称,设立该党之目标,在于辅助独裁政府之工作,并为未来之立宪政体准备途径。"新制度将采取合理的历史国家主义,以改革与前进为目的,在理论上与事实上,均与所谓社会主义或自由主义者有所不同。"其中心人物为前财政总长,现任内阁总理之萨拉沙氏(Olivan Salazar)。萨氏曾宣言:此项新制度,系对个人主义、社会主义及议院制度作奋斗,以维持精神上与物质上之秩序。行政权宜提高,而归元首执掌。阁员应由元首自由任命,绝不倚赖于议会。政党争权之制度,应加禁止。新制度中不能容纳人民主权之说,盖此说乃 19 世纪所创,抛开家族、职业及智识与经济之环境而言。国家应建设于精神与经济合作之上,以代替政党制度云云。

新宪法于 1933 年 3 月 19 日经人民投票赞成后发生效力。该宪宣称葡萄牙为“统一、合作、民主国家”(Republique unitaire et corporative)。

一、总统

总统由人民选举,任期7年。年龄满35岁,生来即属于葡萄牙国籍者,得被选为总统。举行总统之选举时,其投票结果,应由最高法院审查并宣布之。

总统直接向人民负责。有任命并罢免内阁总理及其他阁员之权。有召集国会开临时会及解散国会权。法律由总统公布,总统有否决法律案权(Veto legislatif)。总统指挥对外政策,缔结国际间一切条约,订立联盟、通商及仲裁条约时,应交国会批准。一切命令,均须经阁员副署,惟关于内阁总理之任免,向国会提出之通知书(Message)暨辞职书,不在其例。

二、内阁

内阁总理向总统负责,各部部长向内阁总理负责,阁员不列席国会,不向国会负政治责任。内阁总理协助总统,以国会之许可而制定教令,遇有紧急情形时,得先行颁发,于颁发后5日之内再交国会认可。阁员之民事与刑事上责任,向普通法庭负之。所有官吏,均由内阁总理任免。内阁总理之人选,得就国会或“合作院”(见下)议员中遴选之。

三、国务院(Conseit d'Etat)

国务院以国务总理、国会议长、合作院院长、最高法院院长、总检察官，及总统所任命之终身院员6人组成。总统拟召集国会开临时会，或拟宣告解散国会时，应先咨询国务院之意见，修改宪法时(见下)亦然。

四、国会

国会采独院制。议员人数90人，由人民直接选举。任期4年。每年开常会1次，于正月10日举行。会期3个月，不得延长。临时会由总统召集。总统有解散国会权，新选举限于60日内举行，新国会应于选举举行后30日内召集。

国会核准政府之支出与收入，凡支出非有法律为之规定者，其预算须经国会订立原则制成之。国会宣告戒严，批准国际条约，得授予总统颁发教令之特权。于仲裁程序无效后，总统向他国宣战，应获国会核准。媾和案应通过国会。

国会通过法律案仅于一种法律制度的基础上加以规定。但关于国防事宜，公共机关之添设或废止，钱币，银行之设立，纸币之流通，及法院之组织，完全须法律规定。国会与政府，皆有提议法律权。法律案通过国会后，15日内未经总统公布，即应交国会再议，第二次提出时，须获法定议员人数2/3以上之同意，始为通过。

五、合作院(Chambre Corporative)

合作院由各社团推举代表组成。有代表权之社团及其代表人数,由法律规定之。合作院院员,所受法律保障与国会议员同。合作院与国会同时开会。该院开会,不取公开形式。所有法律草案,未经国会讨论之先,应由合作院审查作书面报告交付国会。

六、宪法之修改

宪法由国会每10年修改1次。倘国会以2/3以上之多数议决提前修改,得将修改时期提前5年,修改时严格限于提议中包括之点。总统得于咨询国务院意见后命令修改宪法,该项命令,应经全体阁员副署。

二一　罗马尼亚 Romania Roumanie

面积　294,967 方启罗密达

人口　18,025,237(1930 年统计)

国都　布加勒斯特　Bucarest

罗马尼亚王国,在欧战前,本有 1866 年所颁布之宪法。欧战发生,罗马尼亚于 1916 年 8 月对奥匈宣战。中欧帝国失败,昔日受制于奥匈帝国(Empire austro-Hongrois)之罗马尼亚民族得相结合为整个国家。于是 Bessarabie, Bukovina, Transylvania 各地均自动归附罗马尼亚。政治上之变迁,使宪法有修订之必要。新宪法于 1923 年 3 月 29 日公布,体裁上仍照 1866 年宪法。虽加增若干新规定,以符时代趋向,但若干烦难而重要之问题,如少数民族法律上之地位等等,皆未经决定,该宪法公布之后,迭有单行法颁行以补充其不足。

一、国王

王位由 Hohenzollern-Sigmaringen 王室查利一世(Charles Ier)之嫡裔长男世袭,女子不得嗣位。乏人承继时,国王得指定一曾君临欧洲各国之王族中人为承继人,但须获人民代表接受。倘国王未曾指定，而王位已虚，则国会由两院联席开会选举一西欧各王室中人继位。国王逝世，新君尚未宣誓就职时，王权由内阁（Conseil des ministres）暂时执行。国王以18岁为成年，国王如未成年，应设立摄政。摄政之人选，如未经前国王于其生前指定时（国王得以国会之同意指定3人，于其逝世后，在嗣君未成年时期，执行摄政），参众两院联席开会选举之。

国王个人，不可侵犯。所有命令，均应经阁员副署负责。国王执掌行政之权，批准并公布法律，制定条例以执行法律，但不得更改或停止法律之施行。为军事最高领袖。任命所有官吏，但官吏之设立，以有法律之根据者为限。对外磋订条约，但未经国会通过之条约，无强迫履行之效力。

二、内阁

各部之设立与废止，由法律规定。国务总理及其他阁员，由国王任命及罢免。内阁向国会负责。阁员均得列席国会参加讨论，即非国会议员亦然。各部次长，由其部长负责，亦得列席国会。

三、国会

国会分参众两院。每年开常会1次，于10月15日举行，会期5个月。常会由国会自行召集。闭会由国王宣告。国王得宣告国会之延期开会，但延期不得逾1个月，每届会期中，延会之宣告，以1

次为限,但获国会之同意者,不在此限。国王有解散国会两院,或两院中一院之权,新选举应于两个月内举行,新国会应于 3 个月内召集。

众议院　众议院议员,由人民以直接、普及、平等、秘密之投票制度选举之。采比例代表制。国民有投票权者,不得放弃参加,违者处一百罗币(Lei)之罚金。

参议院　参议院议员有下列数类:(一)法定参议员。储君、教会中高级人员(Metropolites)、主教、国家学院院长、曾任内阁阁员、国会议员、最高法院院长或军事领袖经固定年限以上者,为当然参议员。(二)民选参议员。被选举者,应年满 40 岁以上。(三)地方参议员。每一地方(district)选举参议员 1 人。由地方议会与市议会联席开会选举之。(四)全国商会、农会及工会,各组选举总团体举参议员 6 人。(五)各学校教授推选参议员若干人。除法定参议员外,其他参议员任期均为 4 年。

两院及国王均有提议法律权。法律提案经国王及两院一致通过者有效。关于国库收支及军队数额之提案,应先由众议院表决。

设"立法顾问院"(Conseil législatif),院员由政府任命。所有法律案,除预算案外,须先经过该院发表关于技术方面之意见后,再付国会讨论。两院议长不得将未经立法顾问院讨论之草案向议院提出,但该院倘不于法定期间提出其意见者,不在此限。

四、宪法之修改

国王及两院均有提议修改宪法之全部或一部之权。修宪程序，分三阶段：（一）修改宪法之提议，应先由两院分别表决。（二）倘该提议经两院各以多数通过时，应由两院组织一“联合委员会”决定提案之全文。该项提案，文字上业经制定后，两院开联席会议表决之。（三）两院开联席会议时，倘有2/3以上议员之出席，出席议员2/3以上之同意，将修宪提案通过，则国会应自动解散。新选举举行后，原提案由新国会表决之。倘再有2/3以上议员出席，出席议员2/3以上同意，并经国王赞同时，修宪案成立。因修改宪法而选举之国会，得继续执行立法职权，与通常国会同。

二二　西班牙 Spain Espagne

面积　505,150 方启罗密达

人口　23,656,300(1932 年统计)

国都　马德里　Madrid

西班牙之有宪法,自拿破仑征服西班牙时期始。拿氏以其兄约瑟(Joseph Bonaparte)为西班牙国王,并制定其 1808 年宪法。拿破仑失败,西班牙人民迎立腓迪南七世(Ferdinand Ⅶ)。先是,西班牙人民反抗法国势力,组织"革命军议会"(Juntes insurrectionnelles),曾通过 1812 年 3 月 19 日宪法。腓迪南即位(1814 年),即要求新君承认该宪法,腓迪南虽允接受,但未尝遵守,彼时政体,仍为君主专制。

腓迪南七世卒于 1833 年,王后玛利克利斯丁(Marie-Christine)摄政。1834 年 4 月 10 日,颁布《王家约法》(*Statut Royal d'Aranjuez*),未餍人民之望,遂有 1835 年宪法会议之召集。该会议于 1837 年 6 月 18 日通过新宪,胎息于比利时宪法。颁行未久,代以 1845 年宪法。

1868 年,马德里(Madrid)发生革命,颁行新宪。1871 年,举亚梅地一世(Amédée Ier)为西班牙国王。1873 年,亚梅地逊位,西班牙曾一度成立民主国家。但民主政体,翌年即被推翻。"军人同盟会"(Pronunciamento)恢复蒲奔(Bourbons)王室,立阿尔方朔十二世

(Alphonso Ⅻ)为王。新王于1874年12月即位,至1876年4月始召集宪法会议,是年6月30日通过宪法草案,于7月2日公布施行。

1876年宪法,于1923年政变发生时被废。在里马拉将军(Général Primo de Rivera)独裁时期,西班牙无宪法之存在。1930年1月,里马拉因所期待于独裁制度者,未能实现,加以财政困难,军心不属,遂放弃政权。继之组阁者,为白朗奎(Berenguer)氏。政府努力于恢复立宪政体,定期召集国会,然改革国体之运动,已至成熟时期,主张维持君主者,势力显属薄弱。4月12日,市议会选举结果,"社会民主联合党"(Bloc republicain-socialiste)获极大多数,政府知大势已去,阿尔方朔十三世(Alphonso XIII)于14日退位,同日,临时民主政府在马德里市政厅接收政权。

新政府召集宪法会议(Cortés constituantes)通过1931年12月9日之宪法。该宪法中,颇多特点,尤可举者,为下述诸端:(一)该宪法倾向社会主义,例如第一条宣称:"西班牙为各种工作人等所组织的平民主义共和国"(L'Espazne est une republique démocratique des travailleurs de toutes catégories)……;第三篇"人民义务权利"中有"国内资产,不论所有权谁属,均应依法充助国家之经济与公共之需要……"(第44条)及"各种工作,均属社会义务,应受国家保障……"(第46条)等等。(二)该宪法明了地表显国际法与宪法之关系。第六条内称:"西班牙放弃以战争为国家政治上之工具",第7条内称:"西班牙注重国际法上之一切普及原则而灌输之于本国法律之内",等等。

一、国会(Les Cortès)

国会采独院制。国会议员由人民以普遍、平等、直接、秘密之投票方法选举之。人民男女两性年满23岁者,有投票权及被选举权(其详细由法律规定之)。议员任期4年。国会每年开常会两次,于4月及9月之第一个工作日开会。第一次会期至少3个月,第二次会期至少两个月。常会开会时届,各议员即自行聚集开会,无须经由总统召集。总统得召集国会开临时会(Session extraordinaire)并得宣告国会之延期开会,但在第一次会期中,延期不得过1个月,在第二次会期中,延期不得过15日。

国会代表人民操立法权。国会议员及内阁,均得建议法律。国会得准许内阁,对于某一项事件以教令(decrets-lois)代行立法权力,但该种准许,不得具普遍性质。

国会得提议罢免总统。该项提议通过国会时,应获3/5以上之多数。罢免总统之提议,一经国会通过,总统应即停止执行职务。于8日之内召集人民代表(人民代表之推选,与选举总统时同,参阅下文总统之选举),会同国会议员开联席会议,将该项提议交付表决。多数赞成撤职提案时,该会议即选继任总统,倘多数反对时,国会应自行解散。

总统有解散国会权,但在国会一届任期中(即4年中)不得解散两次。解散命令中,须说具理由,并规定新选举举行之日期,新选举之举行,应在60日以内。倘总统不于宪法所规定时期内举行新选举,国会得自动重行聚集,并继续执行其职权。

二、总统

总统由国会议员全体,会同人数相等之人民代表(该项人民代表由人民直接选举),联席开会选举之。国民年满 40 岁,享有一切公权者得被选为总统,但现役军人、教士、本国及他国之王族中人不得被选。任期 6 年,任满后再过 6 年得再被选。总统缺席,由国会议长代行其职务。

总统依照宪法中所规定对外宣战、媾和、任命文武官吏,以阁员之副署,得签发教令,为执行法律起见,得制定各种条例。为保障国家之完整与安全,总统得因情形之需要而施行紧急处分(Measures urgents),但须即向国会报告。对外磋订条约,但属于政治性质之条约、商约及足以增加国库与人民之担负之条约,或须订立法律以执行之之条约,未经国会认可者,"国家不负其责任"(N'oblige pas la nation)。

三、内阁

内阁总理,由总统任命及罢免。其他阁员,以内阁总理之提议而由总统任命或罢免之,但国会不加信任时,总统应即罢免之。总统一切命令,未经阁员副署者无效。执行未经副署之总统命令者,负刑事上责任。阁员对所副署之命令,负刑事上以及民事上之责任。阁员有列席国会及发言权,即非国会议员亦然。国会得对内阁全体或某一阁员提起不信任案(Vote de Censure)。不信任案应以书面为之,内须叙明理由并由议员50人以上签名提出。该项提案,应分送各议员,5日后始得交付表决。倘国会以过半数通过时,内阁全体或某一阁员应即辞职。关于内阁政策者,阁员全体连带负责,关于各部事务及违宪或违法行为者,各阁员单独负责。

四、宪法之保障与修改

设置"宪法保障法院"(Tribunal des garanties constitutionnelles)。院长由国会任命,院员若干人,以下列各种人充任:"国家最高顾问机关"(Haut corps consultatif de la Republique)主席、审计院院长、国会议员2人、各"自治领土"(regious autonomes)之代表、律师总会代表2人、各法科教授代表2人。

该法院之职权如下:1. 判决法律之违宪。2. 审理"个人保障"(garantie individuelle)被侵犯之诉。3. 判决国家与"自治领土"间因立法权限发生纠纷的问题。4. 审定"人民代表"(选举总统者,见前)之代表权。5. 审理总统、国务总理及其他阁员之刑事责任。6. 审理最高法院院长、最高法院法官及总检察官之刑事责任。

内阁及国会有提议修改宪法之权,由国会建议时,应以全体议员1/4以上之联名提出之。该提议通过国会时,在本宪法施行4年以内,应有2/3以上之多数,4年以后,过半数即足。修宪之提案,倘经国会通过,国会应即自动解散,选举于60日内举行,该提案由新国会表决。

二三　瑞典 Sweden Suède

面积　448,953 方启罗密达

人口　6,233,090(1935 年统计)

国都　斯托克荷尔姆　Stockholm

瑞典自建国以迄于 16 世纪中叶,国王均由一种贵族议会(Râd)选举,是以政权亦常操于该议会。其初期宪法,有类其他古代宪法,仅以国王即位时宣誓为之代表,但在瑞典,此项誓词,当 14 世纪时,已具有一定形式,国王应行遵守事项,均藉誓词规定。

16 世纪中叶,国王格斯达夫华沙(Gustave Wasa)提出王位继承法,经人民代表接受。"各等级会议"(Etats Généraux)亦于是时变成常设议会而有国会(Diète,Riksdag)之名称。贵族议会专政制度,自是渐衰。

1634 年至 1660 年间,迭因嗣君方在冲龄,国体及摄政问题,有规定之必要,遂有"政体法"(Regeringsformar)之宣布。在此时期,"元老院"(Rickets Râd)之势力,极为膨胀,国王遇事辄须向其取决。查利十一世(Charles XI)时代,元老院因政策上之错误,与穷兵黩武之屡告失败,遂失却舆论信仰,人思归政国王。是以 17 世纪之末,王权复张。查利十二世时,国会不复召集,渐成君主专制政体。

君主专制政体,旋亦遭遇反对,1718 年,查利十二世逝世,瑞典又恢复选举国王制度。新王被举之时，须接受国会所提出之若干条件，所谓政体法者，迭经补充而为历届国王所遵守。国会在此时期，甚为有权，国王仅能提议法律，而不能参预立法。其地位近似于国务总理，甚且不如，盖各国务员之人选，须由“各等级会议”提出而任命之。18 世纪初年迄于 1772 年间，瑞典之政治制度，颇为提倡自由政治者所称道。然政党（时有 Bounets et chapeaux 两派，颇类英国之有 whigs and tories）之斗争，及各等级间之不能合作，陷政府于措施难展之状态中。1772 年 8 月，格斯达夫三世（Gustave Ⅲ）以法王路易十五之助，实行革政，颁定新宪。该宪法出于国王所制定，不获国会同意而施行。自是国王复参预立法，国会之召集由其决定，政府人员由其任命。虽屡经修改与补充，该宪法在瑞典施行至于 1809 年。

1809 年，当芬兰脱离瑞典之际，国王格斯达夫亚道夫（Gustave Adolph）退位，新王查利十三世即位，瑞典国会，通过新宪，经查利十三世接受公布施行，是为 1809 年 6 月 6 日宪法。该宪法施行至今，但曾经多次之修改。1810 年，伯纳笃特（Bernadotte）即瑞典王室，重颁王位继承法。1866 年 6 月 22 日公布修正国会组织法。

一、国王

瑞典现今王位，由伯纳笃特王室（Maison Bernadotte）之嫡裔，男性序长者世袭。国王缺席时，由储君暂代，储君未立或不在时，由内阁暂代。王位乏人承继时，国会选立新君。

国王以内阁之辅助掌理国政。对外代表国家，签订条约，但约中所包括事项,按照宪法须获国会许可者,应通过国会。又条约含重要性质者,须交国会之外交委员会讨论后签定之。国王有宣战权与媾和权,但须经全体内阁阁员会议发表意见后执行之。国王有指挥全国军事力量之权。一切命令,应经阁员副署,惟关于军事者不在此限。

二、内阁(Conseil d'Etat)

内阁以各部部长组成,国王于任命各部长时,就中任命1人为国务卿(Ministre d'Etat),居首席阁员之地位,此外有"国务参议"(Conseillers d'Etat)(按瑞典内阁阁员均称参议)3人,不管部务。阁员人数,由法律规定为自8人至10人,其职掌由国王指定之。

内阁各员,均由国王任命及罢免。国中一切政务,除军事外,均应经过阁议以达于国王,各阁员得发表其意见,但决定则属于国王。倘国王所决定者,有违宪法,阁员得拒绝副署。阁员所发表意见,应均记载于会议录中。该会议录,应交国会中之"宪法委员会"审查。倘"宪法委员会"或国会中之其他委员会认阁员负有违宪责任者,得提请总检察官向高法院(Haute cour)起诉。或因阁员中有不尽职者报告国会,国会得以书面请国王罢免该阁员。瑞典宪法中及习惯上无通常议院制度中负责内阁之规例,国会藉上述程序以监督内阁。

三、国会(Riksdag)

国会分两院,在职权上处于平等地位。

第一院　议员150人,由各省议会选举。凡城市之不属于任何省议会者,以两级选举制度选第一院议员。被选举者,须年满35岁以上,并满足相当“资产条件”(Conditions de Cens)者。妇女有投票权及被选举权。第一院议员任期8年。全国分8选举区,每年有一选举区举行选举,每年有一部分议员改选。

第二院　议员230人,由人民直接选举。人民男女两性年满23岁,不受监护或公共救济、不曾被宣告破产者有被选举为第二院议员资格。任期4年。

国会每年开常会1次,于正月10日自行召集。开会未满4个月,不得宣告闭会,但出于国会自请者,不在此限。临时会由国王召集,临时会所讨论者,限于召集该会之目标或国王所交议事项。国王有解散国会权,得宣告两院同时解散或两院中一院解散。新国会应于3个月内召集。

财政案及其他提案,倘两院作不同之表决,而两院意见不同之点,经两院中审查该项问题之专门委员会调停仍属无效时,两院仍分别投票,以两院票数之总额为断。倘总额中反对票与赞成票数目相同,则以拈阄法决定之。

法律案通过两院后,应经国王批准。倘国王延至国会下届开会时期尚未批准,即属拒绝批准,该法案作废。但该项问题如属重要,国会得通过法律,将该项法案召集人民投票表决,有选举第二院议员权之人民，皆得参加人民投票。

四、宪法之修改

关于修改宪法之提议，惟于国会开常会时得提出之。修宪提议如通过国会。应俟第二院改选后，新议院召集第一次常会时，将该案提付表决。倘两院一致通过，应交请国王批准。

二四　瑞士 Switzerland Suisse(La Conféderation de)

面积　41,295方启罗密达

人口　4,066,400(1930年统计)

国都　柏恩　Bern,Berne

瑞士联邦昔由各独立小国彼此缔结联盟而成立。1798年,被法国所侵服,订立宪法,废联邦制。以瑞士为单一国家(Etat Unitaire)。该宪法之成立,既受外力干涉,与其历史习俗,不相符合,是以施行之后,各"邦"(Cantons)间辄生争执,屡提修宪之议。1803年,拿破仑为瑞士订立调解方案(acte de médiation),强制施行。调解方案予各邦以巨量之自治权,惟关于外交及军事者,归"联邦议会"(Diète féderale)执掌。拿破仑失败,该方案随之作废,代以1815年之《联邦公约》(*Pacte féderal*)。于是各邦恢复其独立主权,虽仍有联邦议会之设,但该项议会,只属各邦代表聚议之所耳。

经长时期之内战,主张集中权力者,卒告胜利。1848年之联邦宪法,改"邦联"(Conféderation d'Etat)制度为"联邦"(Etats fédératifs),联邦政府之权力,于是始超越于各邦个别政府之上。1874年改订新宪,经人民投票,以340199之多数,对198013票,又14邦有半之多数对7邦有半通过,奉行至今。

一、联邦与各邦职权之区别

瑞士现有“邦”(Cantons)25,但其中6邦系“半邦”(Demi-Cantons),是以就全邦言之,其总数为22。按照《联邦宪法》第3条:各邦主权,未经宪法加以限制者,仍为该邦所有。各邦之领土、宪法、人民之自由与权利、公民在宪法上所享有之权利以及由人民授予政府之职权,均为联邦宪法所尊重保障。

1874年《联邦宪法》,对于联邦政府及各邦个别政府间职权之区别,无甚为明显之类别,但可分析之如下:

(一)原则上完全由联邦主持并执行者。宣战,媾和,订立盟约,军队之组织、训练及调遣,海关管理及出口税之征收,酿成饮料(boisson distillées)之制造、输入、征税与出售,邮政,电报,铸币,发行钞票,火药之制造与出售,国籍之丧失与取得,人民参加政治权之行使(exercice des droits politiques),等等。

(二)由联邦订立法律,但由各邦执行之者。军事法执行中之若干事项,水力之管理与利用,运输,电力之供给,森林之警察与划区,河航,航空,渔猎,童工在工厂工作问题,工业上工作时间之限制,不卫生或有危险性之工业如何防范问题,车辆之通行,度量衡制度,人事登记,民法与刑法之制定,防疫事宜,社会保险,驱逐扰乱治安之外侨出境,等等。

(三)此外许多事项,各邦有立法并执行之权。但各邦立法,不得与联邦宪法中所树立之普遍性质原则,如,法律上一切平等、信仰自由、言论自由之类,有所抵触。

二、联邦行政委员会

联邦行政委员会(Conseil fédéral)委员7人,由国会与联邦院(Conseil des Etats)联席开会选举之。凡人民之有被选举为国会议员资格者,得被选为联邦行政委员会委员,但每邦不得同时有委员两人。委员任职期间与国会任期同,国会改选后,全体委员,亦应重行推举。如未至改选之期而委员中有缺额时,国会补选1人,以竟此未满之任期。

联邦行政委员会有主席1人,副主席1人,由国会与联邦院联席开会就各委员中选举之。任期1年。主席任满不得即连任,副主席不得连任副主席,但得于任满后即被举为正主席。

瑞士无总统之设,联邦行政委员会主席代表国家,主持该委员会事务,遇有紧急情形发生,主席得以委员会名义执行必要之处分,但事后须请委员会核准。主席及其他委员兼管各部部长,而主席并负有监视各部及审查各部向联邦委员会所提出事项。

三、联邦议会(Assemblée fédérale)

《联邦宪法》第71条内称:"联邦之最高权(Autorité suprême)属于联邦议会,除宪法上所规定之人民权利及各邦权利应加尊重外,不受其他限制。"联邦议会之职权,不仅立法,且涉及行政与司法方面。缔结联盟及条约、因维持瑞士中立(neutralité)所施行之各项事宜、调遣军队、成立预算案、对外宣战媾和等等,均由联邦议会执行。联邦行政委员会委员、联邦法院法官及军事最高长官等等,均由联邦议会选任。

联邦议会以国会与联邦院构成:

国会(Conseil national) 国会议员,由人民直接选举,每22000人选议员1人,但不及22000人之邦或半邦,亦得选举议员1人。人民男性年满20岁,按照所居留邦法律,未尝丧失公民权者有投票权。有投票权者除教士外均有被选举权。任联邦官吏、联邦院议员、行政委员会委员者不得同时兼任国会议员。国会任期4年,每4年全部改选。

联邦院(Conseil des Etats) 联邦院有议员44人,每1邦举议员2人,半邦举议员1人。联邦院议员之任期及其选举法,由各邦自行规定。现今瑞士各邦之联邦院议员由人民选举者16邦,由邦议会选举者5邦。联邦院议员由各邦分别选举,但执行职权时,不受邦政府之训令。

两院分别开会,但选举联邦行政委员会委员、主席、副主席、联邦法院法官、军事总指挥等时,及通过大赦案、解决联邦中各机关权限冲突问题、通过宣战媾和等提案时,两院联席开会表决之。

按宪法上规定,联邦议会每年开常会1次。但自1849年以来,议会每年于7月(嗣改为6月)开常会后,于12月必再召集开会以讨论预算案。该项习惯业经联邦法承认,是以议会每年恒开会两次,而有特别事故时,联邦行政委员会得召集临时会。

国会、联邦院及其各个议员均有建议法律权,各邦得以书面建议。每届会期,两院议长先行会商议事日程,于第一次或第二次开会时,议长应将商定之议事日程向各该院提出通过之。特别紧要案件，联邦行政委员会得声请两院议长径行商定由何院先行讨论，无须获全体议员开会通过。

法律案经两院通过者为有效。倘提案经一院通过，而他院不同意时，则意见参商之点何在，应由通过之院再行讨论，讨论后得再提请他院表决。此项程序，得继续行之，至于该案通过两院或势难通过时为止。对于意见冲突之议案，两院并得组织混合委员会(Commission mixte)审查之。

四、人民复决

联邦法律，通过两院后，倘有选民30000人以上，或各邦八邦以上提出交付复决之要求时，应将该项法律举行人民投票表决之。国际条约之无限期，或其有效期间在15年以上者，倘经选民30000人以上联名请求，或各邦八邦以上联请，亦应举行人民投票，以决承认与否。

五、宪法之修改

关于宪法全部之修改，其提议之方式如下：曾经选民50000人以上联名提出，或两院中一院通过而他院拒绝者，该项提议，应举行人民投票表决之。倘人民投票结果赞成修宪，则议会之两院，应同时解散，改选后由新议会筹备修宪。

关于宪法局部之修改，倘有选民50000人以上联名提出，议会应加讨论。无论议会对该提案赞成与否,均应将提出之意见拟成具体提案,举行人民投票表决之。倘该提案经人民投票通过,议会虽不赞同,亦须依照表决实行修改。但上述提案,如非意见之提出,而系具体之草案时,则议会若不赞同,得另行拟具提案与人民提案同时付人民投票表决。

人民投票,以参加投票者过半数之赞同为通过。各邦之赞成与反对,即以该邦内人民投票之统计为断。每一邦以一票计,半邦以半票计。

二五　苏维埃社会主义联邦共和国

Union of Soviet Socialist Republiques
Union des Republiques Socialistes Soviétiques

面积　21,355,536 方启罗密达

人口　约 170,000,000(1935 年统计)

国都　莫斯科　Moscow, Moscou

1922 年第一届苏维埃全体大会所通过之宪法草案,经 1923 年之修改后,于 1924 年 1 月 31 日公布施行。该宪法集合若干社会主义国家于一种联邦制度之下,以"对抗帝国主义国家,与夫由《凡尔赛条约》产生之国际联盟"。国际情形及社会组织之变迁,推动苏俄政府,筹备制定新宪以适合环境。新宪法以 1936 年 12 月 5 日通过于"第八届苏维埃全体特别大会",公布生效。

1936 年宪法,内分 13 章,计 146 条。第一章社会组织,第二章国家组织,第三章苏联最高权力机关,第四章苏维埃联邦内各共和国之最高权力机关,第五章苏联行政组织,第六章各联邦共和国之行政组织,第七章各自治共和国之行政组织,第八章地方权力,第九章司法组织,第十章人民之基本权利与义务,第十一章选举制度,第十二章国徽、旗帜、国都,第十三章宪法修改程序。

该宪法第一条宣称苏联为"工人、农民之社会主义国家"。第二章国家组织篇中,对于现行组织,有重要之更改。苏联本包含 7 个共和国。兹将"横哥加索联邦共和国"中所包含之 3 属邦,分立为 3 个共和国,横哥加索联邦遂不复存在。复将“俄罗斯联邦共和国”之范围缩小,成立两个新共和国(Kazakhs,Kirghizes),苏维埃联邦遂包括11个共和国。其中“俄罗斯联邦共和国”复自成为联邦国家,内含5个“县”(Kraï),19个“地方”(Oblast),17个共和国,6个自治地方。

第三章所规定,亦极重要。“苏维埃全体会议”(Congrès pan-unioniste des soviets)及“中央执行委员会”(Comité Centrral Exécutif)兹皆取消。苏联之最高权力机关为“苏联最高议会”(Conséil suprême de l' U. R. S. S.),内分两院,由人民以普及、平等、直接、秘密之投票制度选举。

凡属苏联之公民年满18岁者,均有选举权及被选举权,妇女、军人同等待遇。自村镇之苏维埃代表至于苏联最高议会之议员,均由公民直接投票选举。任何代表须将其工作及该苏维埃之工作向选民报告,选民得随时以合法手续决议罢免其所推举之代表。

关于人民之权利与义务,不乏新颖规定。公民有工作权,获得工作之保证,并能按照其工作之分量与性质,获得相当工资。有休息权,大多数工作时间,均减至7小时,得于休假时期,获到工资。有生活保障权,年老废疾者应受救济。有受教育权,基本教育免费,高等教育,扩大国家津贴制度。

公民非经法院判决或检察官同意(按苏联法官均由选举),不得被逮捕。公民家庭,不受侵犯。通信秘密,受法律保护。依劳动者之利益,并为巩固社会主义之制度起见,公民享有言论、出版、集会、游行之自由。任何苏联公民,均有服从宪法、法律及“社会主义之公民生活规则”之义务,有尊重公共财产之义务等等。兹将该宪法内容分为:一、联邦与各共和国。二、苏联最高议会与其主席团。三、苏联人民委员会。四、各共和国之最高议会及人民委员会。五、宪法之修改。叙之如下。

一、联邦与各共和国

该宪法第十三条内称:"苏维埃社会主义联邦共和国乃各个苏维埃社会主义共和国依平等权利自动参加而组成之联邦国家。联邦中各共和国,除受该宪法第十四条所列举(见下)之限制外,仍得行使其独立国家之主权。各共和国保留其退出苏联组织之权。苏联未获各该国同意时,不得变更其领土。各共和国得各自制定宪法,但不得与苏联宪法有所抵触。"

联邦内之公民资格,仅有一个,即苏联公民资格,各共和国之任何公民均为苏联公民。苏联法律,适用于各共和国境内,倘各共和国法律有与苏联法律抵触之处,须依照苏联法律执行。

联邦政府有下列各种权,具见该宪法第十四条:1. 代表联邦参加国际关系,缔结并批准对外条约。2. 宣战及媾和。3. 准许新共和国加入苏联。4. 监护苏联宪法并保证联邦中各共和国之个别宪法不与苏联宪法相抵触。5. 核准各共和国间疆界之修改。6. 组织苏联国防,指挥苏联各种武装力量。7. 指导以国家独占为基础之对外贸易。8. 保障国家安全。9. 制定苏联国民经济计划。10. 批准苏联国家预算及联邦中各共和国与各地方之赋税暨收入之预算。11. 管理银行、工业、农业及企业之组织,及具有全国性质之商业企业。12. 管理运输及交通工具。13. 管理货币及信用制度。14. 组织国营财产保险。15. 缔结并批准贷款。16. 制定利用土地之基本原则,以及开采矿产、森林及水利。17. 制定教育及保护公共健康之基本原则。18. 组织国民经济审计之统一制度。19. 制定基本劳动法律。20. 制定诉讼法、刑法、民法。21. 制定苏联公民法及外侨权利之法律。22. 通过全国大赦法案。

二、苏联最高议会与其主席团

苏联之最高权力机关,为苏联最高议会(Conseil suprême de l'U. R. S. S.),而负执行之责者为该议会之"主席团"。

最高议会,任期4年,每年开常会两次,由其主席团召集。临时会由该主席团酌定,或因联邦中某一共和国要求开会而由该主席团召集之。最高议会包括两院,即"联邦院"(Soviet de l'U. R. S. S.)及"民族院"(Soviet des nationalité)。

联邦院由苏联全体公民选举,每300000人选举代表1人。民族院由苏联中各共和国、各自治地方、各民族区以普及选举制度选举代表组成之;每联邦共和国选举代表25人,每共和国选举代表11人,每自治地方选举代表5人,每民族区选举代表1人。

上述两院,处于平等地位,均有创制法律权,法律案经两院各以过半数通过者,交主席团主席及秘书签字后公布生效。联邦院及民族院如对于某一问题意见冲突,则此问题须移交由两院共同派代表所组成之调解委员会解决之。如调解委员会不能解决,或其决议不能得某一院之同意时,则此问题须提交两院再行讨论。讨论结果仍不能一致时,则苏联最高议会之主席团应宣告解散议会。议会解散,新选举应于两个月内举行。

关于下列事项,两院开联席会议:(一)选举苏联最高议会之主席团。(二)组织苏联政府之"人民委员会"。两院开联席会议时,由联邦院院长及民族院院长轮流担任主席。

苏联最高议会之主席团,有主席 1 人,副主席 11 人,秘书 1 人及委员 31 人。其一切活动,均向苏联最高议会负责。该主席团之职权如下:1. 召集苏联最高议会开会。2. 发表训令解释现行法律。3. 于联邦院及民族院意见冲突时,解散议会,重行选举。4. 由其自己建议或因联邦中某一共和国之要求,办理人民投票。5. 取消苏联人民委员会及各共和国之人民委员会之不合法决议及命令。6. 在苏联最高议会休会期间,代行其职权,得于苏联人民委员会主席呈请时任命各人民委员,但须提交最高议会追认之。7. 颁发苏联奖章。8. 执行特赦权。9. 委任并撤换苏联军队之最高司令。10. 苏联最高议会在休会期间,苏联如遭武力攻击或遇有执行国际互助抵抗侵略条约义务上之必要时,得宣布战争。11. 宣布总动员及局部动员。12. 批准国际条约。13. 任命并罢免苏联之驻外全权代表。14. 接受各国外交代表之呈递国书。

三、苏联人民委员会

苏联之最高行政机关,为"苏联人民委员会"(Conseil des commissaires du peuple de I'U. R. S. S.)。但苏联宪法中行政立法之权,并无分立制度。苏联最高议会主席团既摄行若干行政事宜,而人民委员会,则依附于最高议会,由该议会组织之。人民委员会中委员人数,不经宪法规定,内有委员长 1 人,副委员长 1 人,及委员若干人,负责管理在苏联权限内之国家行政各部事务。分人民委员为两类;

即“联邦人民委员”与“联合人民委员”。联邦人民委员执行职权时，得直达于苏联全境，各共和国中均有所委派之代表。联合人民委员仅将一统政策指示各共和国中职掌相同之人民委员以执行之。掌理国防、外交、对外贸易、运输、交通、水上运输、重工业及人民国防工业之人民委员，属于前一类。掌理食物工业、轻工业、木材工业、农业、国营谷物及畜牧、财政、国内贸易、内务、司法、健康等事务之人民委员，属于后一类。

苏联人民委员会对各共和国之人民委员会，处于指导之地位，凡属苏联权限内之行政或经济事宜，苏联人民委员会有权停止或取消各共和国人民委员会之法规与命令。

苏联人民委员会向苏联最高议会负责，最高议会对各人民委员提起质问时，各人民委员应于3日之内，向最高议会作口头或书面之答复。

四、各共和国之最高议会及人民委员会

苏联中各共和国，应以同一制度设立其个别之最高议会及人民委员会。但各共和国之最高议会，无两院之分，议员由该共和国之公民选举，其人数由该共和国之宪法规定。各共和国之最高议会亦应选举1主席团，其职权由该国宪法规定。

各共和国之最高议会之职权，经联邦宪法加以规定者有下列数项：（一）制定并修改该共和国宪法。（二）批准所属各共和国宪法并规定其领土。（三）批准该共和国之国民经济计划及预算。（四）执行该共和国之大赦及特赦。

各共和国之人民委员会对该国最高议会负责。管理该共和国权限内之国家行政事宜，并执行苏联及该共和国之法律与苏联人民委员会之法规与命令。

五、宪法之修改

苏联最高议会有修改苏联宪法之权。修改宪法之提案，倘经最高议会中之两院，即联邦院与民族院，各以 2/3 以上之多数通过时，修宪案成立。

二六 南斯拉夫 Yugoslavia Yougoslavie

面积 247,852 方启罗密达

人口 约 15,000,000(1935 年统计)

国都 培尔格拉德 Belgrade

1918 年 12 月 1 日,塞尔维亚(Serbie)及其他旧隶奥匈帝国之南斯拉夫民族共同发表宣言,组成统一独立国家。召集宪法会议于 Belgrade,于 1921 年 6 月成立“塞尔维亚、克洛特与斯罗汶”(Serbes,Croates et Slovenes)宪法。根据该宪法,“塞尔维亚克洛特斯罗汶”系一君主立宪国家,实行议院制度,内阁向国会负责,国会由人民以普及、直接之投票制度选举。少数民族有代表权。

实行之后,政党争衡,稳健内阁,无由成立。而其根本困难原因在于国内 3 种重要民族意见不能划一。克洛特人民竟至要求另组独立国家,惟与塞尔维亚拥戴同一君主。是以 1928 年之末,此新兴国家,几有解体之势。

1929 年 1 月 5 日,国王亚历山大一世(Alexandre Ier)发表宣言,解散国会,废除 1921 年宪法,实行独裁。同年 10 月 3 日改国名为南斯拉夫,废除以 3 种民族代表之名称,藉示统一。南斯拉夫之独裁,具有其特殊之点,盖其成立目标在于维持并巩固国家之一统。亚历山大一世于其宣言中亦曾表明其宗旨,谓议院制度,虽为其理想中制度,但在国家现状之下,人民全体之幸福,不能由议院制实现。并称废除1921年宪法之原因，完全由于该制度曾造成许多纷扰之故。嗣复迭次声明，倘为事势所许可时，当恢复宪政制度。

1931年9月3日，新宪法颁布。该宪法由国王制定，不经任何民选议会之参加。其篇首云："朕，亚历山大一世，以上帝之恩惠，与人民之意志，规定并颁行南斯拉夫王国宪法如下……。"按其性质，应归诸"钦赐宪法"（Const tution octroyée）之列。究其内容，内阁无向国会负责之规定，参众两院处于平等地位而参议员之半数由国王任命，是与民主政治相去仍远也。

一、国王

国王不可侵犯，不负任何责任。王位由Kara-Georgevitch王室亚历山大一世之后裔、男性、序长者继承。倘国王无男性子嗣时，得指定支派中1人继位，国王如未指定，国会就Kara-Georgevitch王室中选1人继位。

国王短期缺席，其职权由储君暂代，储君如尚未成年，或因故不能摄行国王职权时，由内阁暂代。摄行国王职权者应遵从国王在宪法范围内所给予之训令。于国王及储君缺席时，内阁不能行使解散国会权。内阁代行国王职权，不得逾6个月，6个月后即应将宪法上所规定之"摄政"（Regence）条文，置诸实行。

国王或储君年满18岁为成年。国王未成年或患有永久之精神上或身体上之疾病时，其职权由"摄政"代行。储君如已成年（指国王有永久病态时），摄政职务，由储君执掌。储君如在冲龄或因他故不能执行摄政职务时,则摄政人选,是否归国会决定,视前任国王曾否指定。国王得以遗嘱或其他文件指定摄政3人,并同时指定3人补其缺。国王如未指定,国会选举摄政,其人数亦如上述。

国王对外代表国家,有宣战及媾和权,但国家如未受攻击或他国未向本国宣战时,国王对外宣战,应先通过国会。批准条约,应获国会同意,但完全属于政治性质之条约,不在此限。批准并公布法律。依法任命所有官吏。执行大赦及特赦。为全国军事力量之最高领袖,海陆军总长副署国王以军事领袖资格所发之命令而负其责任。国王所发命令,均应由阁员副署并负责。遇有战争、总动员、叛乱,足使公共秩序与国家安全发生问题时,国王得于必要范围之内,逾越宪法及法律,以教令施行非常之处分于国家全境或一部分之内。

二、内阁

国务总理及其他阁员,由国王任命及罢免。国王与众议院均得起诉各阁员在执行职务时违犯宪法或法律。阁员违法执行职权致人民蒙受损害时,原则上阁员向国家负责,国家向人民负责。关于阁员责任者,其详细由法律规定。

三、国会

国会分参众两院:

参议院　参议员应年满40岁,分被选举与由国王任命两种。(一)被选举之参议员,由特别选举人团体选举,其选举法由普通法律规定之。任期6年,每3年改选其半。(二)由国王任命之参议员,无一定名额,国王得任命与被选举参议员相等之人数。任期6年。有废疾或犯刑事经法院判决者,国务总理得请国王罢免之。

众议院　众议员由人民以普及、平等、直接之投票制度选举。任期4年。被选举者应年满30岁。其选举法由普通法律规定。人民年满21岁者,有投票权。妇女投票权,以法律规定之。现役军人无投票权及被选举权。在职官吏,除内阁阁员外,无被选举权。被判处1年以上徒刑或监禁尚未复权者、公权被褫夺者、需人监护者、选举权被褫夺者,在各该种情形未消灭时期无投票权。

国会每年开常会1次,于10月20日,由国王召集。国家预算案未通过以前,不得闭会。有特别事故时,国王得决定召集临时会。两院同时开会、闭会,关于立法事项,处于平等地位。

内阁各阁员以国王之许可,各议员获两院中一院议员1/5以上之赞同(该项赞同,应以书面出之)得提议法律案。除国家预算案,应先交众议院讨论外,其他法案,两院讨论,无先后之分别。法案经一院通过后,移交他院,倘两院不能同意于该项法案,即以否决论。但下次会期,如该项法案复经提出,而两院仍不能同意时,则国王有决定其施行与作废之权。

四、宪法之修改

国王及国会得提议修宪。修宪提议,由国王提出时,国王应通知参众两院，众议院于接到该项通知后，即宣告解散，新众院应于4个月内召集。修宪提议，由参院或众院提出时，两院分别讨论该项提议并付表决，倘两院各以全体议员3/5以上之多数通过时，众议院应即宣告解散，于4个月内召集新众院。

新众院召集，与参议院分别将该修宪提议付表决，不得于原提议外，有所增减。倘两院各以全体议员人数之过半数通过时，该提案成立。倘两院意见不同，则依照普通立法程序，两院意见不同时之规定（见上节），即于下次会期得再提出，仍不同意时，由国王决定之。

后篇　美洲

一　阿根廷 Argentine Republic Argentine

面积　2,797,521 方启罗密达

人口　12,372,965(1935 年统计)

国都　布韦诺斯爱累斯　Buenos-Aires

阿根廷昔属西班牙。1810 年叛西政府,于 1816 年 7 月 9 日宣告独立。自 1816 年至 1852 年间,阿根廷值混乱时期,至 1853 年,乃有稳健政府成立,宣布宪法,以阿根廷为联邦共和国。现行宪法,即 1853 年所公布,迭经 1860 年、1866 年及 1898 年之修改。

阿根廷联邦内含 14 个自治省,及若干属于联邦政府之"地域"(Territories)。每自治省,均有其个别宪法,以属于民主政体、代议制度者为限。发生内变或外来侵犯时,联邦政府加以保障,并维持其民主政体。

一、总统

总统任期 6 年,任满不得连任。由民众以两级选举制度推选,获过半数票数者当选。倘候选人中无获得过半数票数者,国会(Congress)就得票最多 2 人中选举 1 人为总统。生于阿根廷,父为阿根廷人,天主教教徒,备具有被选举为参议院议员资格者,得被选为总统。

总统为行政首领,任命罢免各部部长及其他官吏。紧急情形发生,总统得颁发与法律有同等效力之教令,但须补向国会提出通过。联邦法官、高级军官及驻外公使之任命,戒严之宣布,须获参议院同意。订立条约,须经参众两院表决通过后,始能批准。对外宣战,应经国会核准。

二、国务员

各国务员由总统任命并罢免,不向国会负责。议员不得兼任国务员。国务员有列席国会并发言权,国会为咨询情形起见,得召国务员出席。

三、国会

国会分参众两院:

众议院 议员158人,由人民直接选举。任期4年,每两年改选众议员之半。隶属阿根廷国籍在5年以上,年龄已满25岁,在选举区所属之省居住满两年以上者,得被选举为众议院议员。阿根廷实行"义务投票"制度(Vote Obligatoire),有投票权者,不得放弃参加。

参议院　议员30人，每省举参议员2人，首都（举参议员）2人*。任期9年，每3年改选1/3。隶属阿根廷国籍在6年以上，年龄在30以上，在选举区住满2年以上，每年进款在2000比索（Pesos）以上者，有被选举为参议员之资格。

两院同时开会、闭会。每年开常会1次，自5月1日至9月30日。临时会由总统召集。总统并得宣告国会之延期开会。

两院同操立法之权。关于赋税及募兵之法律案，惟众议院得提出之。法律案通过两院，送交总统公布，总统如表示反对，得将该项法案退回国会再议，但两院如以2/3以上之多数再通过时，总统应即公布之。

法院有判决法律违宪权。被判为违宪之法律，法院得拒绝引用。关于法律违宪事件，不服省法院之判决者，得向联邦法院上诉，但上诉以受有损害者为限。

---

* "首都（举参议员）2人"，其中括号里的内容为编辑加。——编者注

二　玻利维亚 Bolivia Bolivie

面积　1,332,808 方启罗密达

人口　3,115,000(1929 年统计)

国都　拉巴斯　La Paz

玻利维亚共和国宪法,系 1880 年所公布,曾于 1931 年经过修改。1936 年 5 月政变,革命党领袖布斯中尉(Lieutenant-Colonel Busch)迫总统辞职,并通告民众现行政制之应加改革。旋而多罗(José David Toro)内阁成立,执掌国政,国会暂停。兹将 1880 年宪法,析要如下。

一、总统

总统及两副总统,由人民直接选举,获过半数票数者当选,候选人中如无获得绝对多数者,国会就得票最多 3 人中推选之。总统、副总统之任期均为 4 年,任满不得连任,惟于离任满 8 年后,得再膺选。有选举众议院议员权之人民得参加选举总统。有被选为参议员资格者,得被选为总统或副总统。

总统有任命及罢免各国务员之权,一切命令,应经国务员副署。总统及各国务员,不向国会负责。国会得对国务员提起“责问”(Blâme),但不获国会信任时,国务员无辞职之必要。

因对外战争或内乱而发生严重情形时,总统得以阁议之同意宣布戒严。在戒严期中,总统得增添军队,预征赋税,发行公债及停止宪法上关于人民自由权利之保障,惟国会议员之保障不得停废。

二、国会

国会分参众两院。人民男性年满21岁,能识字,岁入在200比索以上或置有不动产者,有投票权。国会每年开常会1次,于8月6日举行。临时会由总统召集,或由两院各以多数决议召集。

众议院议员人数75人,任期4年,每2年改选议员之半。参议院议员人数16人,每省选举参议员2人,任期4年。

预算案、赋税案、国债案及军费案,惟众议院有提出权。凡法律案经甲院通过而为乙院所反对时,甲院得再以2/3以上之多数通过,乙院如不获2/3以上之多数表示反对时,其反对无效。两院意见不同之处,倘仅属于局部之修改,得开联席会议议决之。总统对于两院所通过之法律案,有否决权(Veto),但两院如开联席会议将该项法律案以2/3以上之多数再通过时,总统应即公布之,否则参议院议长得将该项法律公布。

最高法院法官7人,由参议院提出3倍于法定人数之候选人,经众议院票选而任命之。最高法院有判决法律违宪权。众议院起诉总统、副总统或国务员之违法时,由最高法院审理。

三　巴西 Brazil Bresil (Etats-Unis du)

面积　8,511,189 方启罗密达

人口　47,794,874(1935 年统计)

国都　里约热内奴　Rio de Janeiro

巴西自 1500 年至 1822 年间,为葡萄牙之南美洲属地。1822 年,葡王若昂六世(João Ⅵ)之长子彼得(Dom Pedro)称帝于巴西,并宣布巴西独立。1889 年,彼得二世被废,巴西成立民主国家,称合众国。于 1891 年公布宪法。

巴西合众国之现行宪法,系 1934 年 7 月 16 日所公布。其 1891 年宪法,在瓦加斯(Getulio Vargas)独裁时期,业已停废。新宪法公布之翌日,即举行总统之选举,膺选者即瓦加斯氏。新国会之选举,亦于是年 10 月 14 日举行。

巴西实行联邦制,各邦有个别宪法、个别财政与个别法律。对于联邦之法律,各邦有制订附属法及补充法之权。经其议会两届继续通过,并获联邦政府以法律核准,各邦得自相合并或自行分析。

一、行政

总统由人民直接选举。任期4年,任满不得连任。离任总统之三等内宗亲及姻亲、各州之州长、各省省长及国务员,不得为总统候选人。

总统之职权,为宪法所列举者,有下列诸项:1. 批准及公布法律并得制定各种条例以辅助法律之忠实执行。2. 任命及罢免各部部长、各省省长。3. 罪刑之赦减。4. 每年向国会报告国家现状,并指示应行改善之方略。5. 外交。6. 磋订条约。7. 领率军队,而由最高司令部执行管理。8. 下动员令。9. 以立法机关之许可,对外宣战。10. 媾和。11. 以立法机关之许可,准许他国军队通过巴西领土。及其他。

总统犯"普通刑事罪"(Crime de droit Commun),由最高法院审判。犯"责任罪"(Crime de responsabilité)时,由特别法庭审理。该项特别法庭以最高法院院长为主席,法官9人,由最高法院法官3人,参议员3人及众议员3人充任。所谓"责任罪"者,指妨害国家、宪法或政体等罪而言。

内阁无国务总理之设,各国务员由总统任命及罢免。众议院议员得被任为国务员而不丧失其议员资格,但在执行国务员职务期间,其议员职务,应另选代理者代之。

国务员之职权,列举于宪法中者,有下列诸项:1. 副署大总统之命令。2. 为法律及条例之良善执行起见而训令所属人员。3. 向总统报告所辖部之部务。4. 按照宪法中规定情形而出席于众议院及参议院。5. 拟制预算案。及其他。各部设置一个或数个专门委员会,以备国会之咨询。各部执行事项,不得违反专门委员会中全体委员所一致主张(Avis unanime)者。

内阁无向国会负责之规定。但众议院得请各国务员到院而加以咨询。各国务员得请众院及其各项委员会解释法律案中一切疑点。国务员犯"普通刑事罪"及"责任罪"者均由最高法院审理。惟其所犯罪状与总统有关时,应归特别法庭(见前)审理。

二、国会

国会分参众两院:

众议院 任期4年。以人民代表及职业代表组成之。人民代表人数,由法律规定,但最多不得逾每人口150000人选举议员1人之比例。职业代表人数,应等于人民代表人数1/5,由农牧、工业、商业及运输,自由职业四大团体以直接方式投票选举之。众议院每年于5月3日自行召集开会,会期6个月。临时会由总统或由议员1/3以上之召集而举行。参议院之"常设委员会"(Section permanente)(见下)亦有召集开会权。

联邦参议院 每邦举代表2人。任期8年,每4年改选参议员之半。参议员与众议院同时启会、闭会。两院不开会时期,参议院以其议员之半数组一"常设委员会",以督察宪法上立法权之遵行,以应付总统对于法律案之否决,以表决法官及其他官吏其任命应得参院同意者,并因情形之需要,召集众议院开临时会。联邦对于各邦内部问题,拟加干涉时,应获参院同意。

关于下列事项，参众两院开联席会议：1. 举行开会仪式。2. 制定有关于两院之规则。3. 聆取总统宣誓。4. 选举总统之代理人。

两院所通过之法律案，总统认为有违反宪法者，得于10日内对该案之全部或一部提出否决（Veto）。总统应将具有理由之否决书送交两院，两院将该项法案再提出讨论，复经过半数以上之多数通过时，总统之否决无效。

三、联邦司法院

最高法院（Cour Suprême）法官11人，由总统以参议院之同意任命之。最高法院有判决法律违宪及联邦政府与各邦政府间发生冲突事件。

最高法院以外，属于联邦政府之法院，尚有各联邦法院、各军事法庭及选举法院。每邦各设一选举法院而以首都之选举法院为最高选举法院。该项法院，划定选举区域，制定选举名单，筹备选举事宜，规定选举日期并审判选举中所发生之讼案。选举结果、被选者名单以及议员有丧失其议席者均由该法院宣告。

四　坎拿大 Dominion of Canada Canada

面积　9,543,038方启罗密达

人口　10,376,786(1931年统计)

都城　奥大瓦　Ottawa

现今号称坎拿大之全境，本非整个疆土。英国于1628年至1858年间继续或以兵力占据或由条约割让而扩张其统治权。1867年，《大英北美洲法案》(*The British North America Act*)成立，将Ontario，Quebec，New Brunswick，Nova Scotia等地组成"坎拿大属邦"(Dominion of Canada)。

该法案于1867年7月1日实行，内称：坎拿大之行政权，应归英王执掌而由其驻坎总督与枢密院(Privy Council)执行，立法权应属于两院，其名称为参议院(Senate)及众议院(House of Commons)等等。1915年，曾经修改。1926年"帝国会议"(Imperial Conference)将坎拿大在大英帝国中所处地位，加一定义："各自治邦，在大英帝国内，乃一种自治组合，组织法平等，惟因输诚于王冕之故而相结合。"(The Selfgoverning Dominions are autonomous Communities within the British Empire，equal in Statutes，though united by a common alligiance to the Crown.)坎拿大得派使驻英、法、美、日等国，并加入国际联盟为会员国。1931年，英众议院通过决议，各"属邦"(Dominions)得不受《殖民地法律效力法案》(*Colonial Law Validity Act*)

之拘束，于是坎拿大在立法上自主权之限制，亦经撤消。

目前坎拿大内含9省(provinces)及两个“地域”(Territories)，采联邦制，各省有其个别议会与政府，驻坎总督派有“副总督”(Lieutenant Governor)驻各省。

一、行政

坎拿大行政权名义上归英王执掌，而由驻坎总督及其枢密院执行。根据1926年帝国会议所通过议案，驻坎总督所代表者为英王，而非英政府(British government)。自1930年帝国会议以来，驻坎总督之任命，不由英政府提出请英王任命，而由坎拿大政府提出之。一切事宜，坎拿大政府皆直接与英政府接洽。驻坎总督惟代表英王执行其所有之特权。

枢密院(Privy Council)院员，由驻坎总督代表英王任命，坎内阁总理及各部部长为枢密院中之当然部分。内阁总理及其他阁员均由议员担任，向参众两院负责。其任免虽由驻坎总督以英王名义行之，但实际上，内阁之进退，以国会中政党之情形为根据。

二、立法

立法权属于国会，但有若干项法律，其立法权属于各省议会者，不在联邦国会职权之内。但联邦国会立法之范围仍广，包括公共财政、通商、邮政、钱币、纸币、银行、航政、国防、破产刑法、入籍等项。

原则上，参众两院处于平等地位。但财政案应先通过众议院，参议院表决时不得加修改。内阁负政治责任，提出赋税案及财政案，国会无建议财政支出及赋税之权。

参议院　参议员人数 96 人（Ontario 24 人，Quebec 24 人，Nova Scotia 10 人，New Brunswick 10 人，Prince Edward Island 4 人，Manitoba 6 人，British Colombia 6 人，Alberta 6 人，Saskatchewan 6 人），由驻坎总督任命，任职终身。为参议员者，应年满 30 岁，隶大英国籍（British subject），在该省住居，并在该省置有相当财产者（4000 坎元以上）。

众议院　众议院议员由年满 21 岁者直接选举，妇女有投票权及被选举权。Québec 省选举众议员 65 人。其他各省以此为标准，按照 Québec 人口统计为比例，每人口若干得选议员 1 人。1935 年 10 月 14 日举行之选举，众议员人数 237 人。任期 5 年。但驻坎总督有解散众议院权，解散理由，不以内阁与国会意见冲突为限。倘有重要问题发生，似不能于未征求国民公意之先即行解决者，得宣告众院之解散。

五　智利 Chile Chili

面积　751,605 方启罗密达

人口　4,402,000(1933 年统计)

国都　桑地亚谷　Santiago

智利于 1810 年 9 月 18 日宣布脱离西班牙独立。成立民主政体,代议制度,单一国家(Etat unitaire)。现行宪法为 1925 年 9 月 18 日所颁行。

一、总统

总统由人民直接选举。任期 6 年,任满不得连任。有众议院议员候选人之资格而年满 35 岁者,得被选为总统,获过半数票数者当选。倘候选人中无获得绝对多数者,则参众两院开联席会议,就得票最多之 2 人中选举总统。总统暂时缺席或躬自率领军队时,其职务由国务员中任职最久者以副总统名义代理。倘国务员均缺席,则依序由众议院议长、参议院议长或最高法院院长代理。

总统统率全国军事力量,规定其组织及其分配,以参议院之许可,得躬自率领军队。制定条例以执行法律。任命官吏,但任命大使、公使及上尉以上之武官与最高法院法官等时须获参议院同意。

磋订条约，应经国会通过始能批准。国内发生变乱，值国会在闭会期中，总统得宣告戒严。

总统在执行职务期间及离任 6 个月内，倘有重大损伤国家尊严与安全之行为时，众议院得以法定人数之过半数通过起诉总统，由参议院审理之。参议院倘在 2/3 以上之多数宣告总统有罪时，总统被褫职，由普通法院判定其刑罚。

二、国务员

国务员之人数与各部之设立，由法律规定。国务员之任命与罢免，总统操有全权。国务员得列席国会参加辩论，但不向国会负责。

三、国会

国会分参众两院，均由人民直接选举，采比例选举制。众议员应年满 21 岁，参议员应年满 35 岁。每年开常会 1 次，于 5 月 21 日开会，至 9 月 18 日闭会。临时会由总统召集或由参议院议长因过半数众议员或参议员之请求而召集。临时会讨论范围，限于召集该会之目标，及修改宪法事件。国会议员未经许可而缺席在 30 日以上者，及于任职期间与国家有订立契约之行为或代表第三者与税收机关争讼者，丧失其议员资格。国务员、省长、高级法官、检察官及担任公司经理或董事而该公司与国家有契约关系者，不得被举为国会议员。

众议院　众议员目前人数145人，每人口30000人选举众议员1人。任期4年。众议院监督政府，得提出动议或注意事项，请政府答复，该项动议，应由总统以书面答复，但不发生内阁责任问题。众议院有起诉总统、国务员及其他高级官吏权。

参议院　参议员人数45人（智利辖境分9省，每省举参议员5人）。任期8年，每4年改选半数。参议院有表决高级外交官、军官、法官之任命及准许总统躬自带领军队权（见前）。

法律案经一院通过，而他院否决或加修改时，通过之院，得以2/3以上之多数再将该案通过，他院倘不能获得2/3以上之多数时，不得再反对。两院意见不同，得组织“混合委员会”讨论之。总统得将国会所通过之法律案，于30日内，说明理由，送还国会再议，但国会如仍持前议，总统应即公布之。国家预算案倘于施行前4个月提交国会，4个月届满，国会尚未通过时，该预算案即属有效，政府得将该预算案应用。支出之增加与收入之低减，惟总统有提议权。

四、宪法之修改

修宪提议，倘经两院各以法定议员人数过半数之多数通过时，70日以后，两院应联席开会（应有两院多数议员之出席）将该提案不加讨论付表决。总统对修宪案亦得提出理由交付再议，但两院倘以2/3以上之多数再通过时，总统应即公布之，或于30日内决定召集人民投票将该项问题由人民复决之。

六 可伦比亚 Colombia Colombie

面积 1,201,520 方启罗密达

人口 7,992,990(1928 年统计)

国都 布哥答 Bogotá

可伦比亚昔称新哥伦拿大(New Grenada),为西班牙属地。1819 年宣布独立,与现今巴拿马(Panama)、委内瑞拉(Venezuela)及厄瓜多尔(Ecuador)各国之地域,合称大可伦比亚国(State of Greater Colombia)。1830 年分裂为委内瑞拉、厄瓜多尔及新哥伦拿大三国。新哥伦拿大于 1858 年实行联邦制。1885 年革命,取消联邦制,成为单一国家,称可伦比亚民主国。现行宪法,为 1886 年 8 月 5 日所公布。该宪法曾屡经修改,最近一次修宪案于 1936 年 8 月通过,内容颇社会主义化,如财产私有权虽予承认,但所有者应负有社会上义务,国家有权干涉公私工业以求出产与消费之合理化等等,又如妇女得担任任何国家职务,及实行初级之强迫免费教育等等。

一、总统

总统由人民直接投票选举,无副总统之设,国会每年选举一

“总统代理人”(designados),于总统缺席时,代行其职务。总统去位或逝世,新选举应于60日内举行。有被选为参议员资格者,得膺选为总统。

总统主持对外关系,磋订条约经参议院通过而批准。统率全国军事力量,得躬自指挥军队作战。对外宣战,应获参议院之同意。遇有内乱或对外战争,总统得以国务员全体所副署之命令,宣告戒严并停止各项法律之不能行使于戒严时期者,秩序恢复后,应即召集国会报告所施行之处分。

二、国务员

各国务员由总统任命及罢免,该项命令,无须经过副署,亦无庸提向参议院通过。国务员有列席国会权,但不向国会负责。

三、国会

国会分参众两院。每年开常会2次(1936年修正案所改定)。众议院议员由人民直接投票选举,每人口50000人选举众议员1人。被选举者应年满25岁。任期两年。参议院议员以两级制推选,每人口120000人选举参议员1人。被选举者应年满30岁并有1200比索(Pesos)以上之岁入。任期4年。

四、立法程序

关于增加赋税之议案，惟众议院有提出权。关于修改民法或诉讼法之议案，应由两院中之委员会或由国务员提出。讨论该项提案时，最高法院法官有列席参加辩论及投票之权。

法律案通过两院，总统得于 6 日内或 15 日内（视该法案内容之繁简）说明理由，将该法律案退还国会再议。倘国会以过半数之多数（按以前宪法定为 2/3 以上之多数，经 1936 年修改为过半数）再通过时，总统应即公布之。但总统反对该法律案之理由，倘属于违反宪法问题，则国会如仍持原议时，该法律案应送交最高法院，于 6 日内判决其有效与否。

国家预算案中之支出项下，以有已经成立之法律为根据者为限。每届国会通过两年度之预算案。众议院两年一改选，新众院召集时，再将后两年之预算案通过。倘预算案不能通过于国会，得将前两年之预算案应用。补充经费及特别经费之不能预知者，在国会闭会期间，得以参政院（Conseil d'Etat）之同意，并经内阁会议通过后，开始支付。

五、参政院（Conseil d'Etat）

参政院以“总统代理人”（见前）及院员 6 人组成之。院员由政府任命。任期 4 年，不得兼任其他职务。参政院为国家最高咨询机关，制拟各项法律草案及“法典”（Codes），并系行政诉讼之最高法院。国务员得列席该院讨论一切，但无表决权。

六、宪法之修改

按照普通立法程序通过两院后，凡属修改宪法提案，应于翌年国会开常会时再提出，于第二读、第三读均以过半数通过时，该修正案有效。

七　哥斯达黎加 Costa Rica
Costa Rica

面积　58,000方启罗密达

人口　516,031(1931年统计)

国都　圣约瑟　San José

哥斯达黎加于1821年独立。1824年至1829年间,曾加入中美联邦(Confederation of Central America)。现行宪法,公布于1871年12月7日,迭有修改。

一、行政

总统由人民直接投票选举。任期4年。被选举者应年满30以上,能识字,有500苛伦(Colons)以上之财产或岁入在200苛伦以上者。遇有内乱或对外战争,总统得以命令停止宪法上关于人民自由权利之保障。是项命令颁发后,国会应于48小时内自动召集,倘认该项步骤为无必要时,得撤消之。国务员由总统任免,不向国会负责。

二、国会

国会采独院制。每人口 15000 人选举议员 1 人。任期 4 年,每两年改选议员之半。被选举者应年满 21 岁,能识字,有 500 苛伦以上之财产或 200 苛伦以上之岁入者。每年开常会 1 次,于 5 月 1 日召集,会期 60 日,必要时得延长至 90 日。

八　古巴 Cuba Cuba

面积　114,524 方启罗密达

人口　3,902,044(1931 年统计)

国都　哈凡拿　Havana, La Havane

古巴昔属西班牙。1898 年 12 月 10 日《巴黎条约》,西班牙放弃其统治权,古巴遂成独立国家,于 1901 年公布民主政体宪法。古巴之独立,实赖美国助力,是以古巴宪法中,加入修正案一项,所谓 Amendement Platt 者,予美国以干涉古巴对外政策之权。美国并设立一海军根据地于 Guantánamo 海湾。该项修正案,现已废止,但古巴政治,尚未入于一定途轨。1901 年宪法,曾经于 1928 年修改,1933 年 8 月之政变,复将宪政推翻,解散国会,宣布临时约法。历届政府,均属独裁性质。

1936 年正月 10 日,古巴举行总统及国会之选举,盖自 1928 年宪法修正以来,人民投票之举行,是尚属第一次,宪法中规定妇女有投票权,亦于是次实行。总统及副总统以两级选举制推选,类似美国。每省按人口为比例而定其选举众议员之人数。参议员则规定每省选举 6 人。是年 12 月,因糖税案发生政潮,国会判决总统(Miguel M. Gomez)之罢免,以副总统(F. Laredo Bru)继任。兹将古巴 1928 年宪法,析要如下。

一、总统

总统由人民以两级制选举。任期 6 年，连任以 1 次为限。被选举者应年满 40 岁，生来即属于古巴国籍者。倘候选人中无获得过半数票者，国会就得票最多之候选人中推选 1 人为总统。

总统对外代表国家，磋订条约，于通过参议院后批准之。任命阁员及其他官吏，但任命最高法院法官及驻外使领人员，应经参议院认可。遇有内乱或本国国境被侵犯时，值国会不开会期间，总统得停止宪法上关于人民自由权利之保障，但为期不得过 30 日，并不得于两届国会会期中宣告此种处分两次，逾此限制，应即召集国会开会。

总统有危害国家安全、妨害立法或司法权之自由行使，及违背宪法之嫌疑时，众议院得以 2/3 以上之多数表决起诉总统，由参议院（以最高法院院长为主席）审理之。参议院判决总统渎职案时，仅得宣告其免职及禁绝担任一切公共职务。

二、国务员

各国务员之任命与罢免，总统操有全权。不向国会负责。于执行职务时犯刑事罪，由众议院起诉，由参议院审理与总统同。

三、国会(Congress)

国会分参众两院。人民男女两性年满21岁者有选举国会议员权。

参议院 每省举参议员6人(古巴现分6省),以两级制选举。任期9年,每次改选议员之半,参议员应年满35岁。总统离任后6年内,为当然参议员。

众议院 每人口25000人选举众议员1人,由人民直接投票选举。任期6年,每3年改选众议员之半。众议员应年满25岁。

两院同时开会、闭会。每年开常会两次,于4月及9月之第一个星期一日举行。每次会期40日。临时会由总统召集或按照两院院规中之规定而召集。

法律案通过两院后,总统得于10日内,说明反对理由,送还国会再议,倘两院再各以其法定议员人数2/3以上之多数通过时,该法律案即属有效。

四、宪法之修改

修改宪法之提案,倘经参众两院各以全数议员2/3以上之多数通过时,应于6个月以后召集"宪法会议"(Convention)。宪法会议代表,由各省推举,每人口50000人选举代表1人。倘该项提议有关于某一被选举官吏任期之延长或总统之连任者,应获参众两院之全体同意与宪法会议之2/3多数赞同,并须交付人民投票表决。

九　多明尼加 Dominican Republic Dominicaine(République)

面积　48,577 方启罗密达

人口　1,022,485(1927 年统计)

国都　圣多明谷　Santo-Domingo

当西班牙统治南美洲各殖民地时期,多明尼加现今之国都圣多明谷本属重镇。1821 年多明尼加叛西班牙独立,但复为海地(Haiti)人所占据。1844 年多明尼加始排除侵略者,并公布宪法。1916 年至 1924 年间,美国海军驻其境内。多明尼加于 1924 年复颁行新宪法,该宪曾于 1929 年经过修改。

一、总统

总统由人民直接投票选举。任期 6 年。统率军队。任命并罢免各国务员及其他官吏。外交官及最高法院法官之任命,应获参议院同意。磋订条约,经国会通过后始能批准。依国会之决议而对外宣战。遇公共安全遭受侵扰时,如国会正在停会期间,总统得宣告戒严,而停止宪法之保障。

众议院得起诉总统,由参议院审理。参院决定总统有罪时,应以 2/3 以上之多数通过,参院对于总统之处分,止于免职及禁绝担任公共职务。

二、国会

国会分参众两院。每年开常会两次，于4月27日及8月16日举行，会期每次90日，得再延长60日。参议院议员12人（每省选举1人），任期4年，被选举者应年满35岁。众议院议员任期4年，每人口30000人选举众议员1人（但每省至少应有众议员3人），被选举者应年满25岁。

政府及两院议员均有建议法律权，关于司法事件者，最高法院亦有建议权。总统于法律案通过两院后8日之内，得将该法律案退回国会再议，但国会以2/3以上之多数再通过时，总统应即公布之。

最高法院得判决一切法律、命令或条例之违宪。在任何法院，不论诉讼达至何等程序，违宪问题发生，即应停止裁判，以俟最高法院决定后再继续进行。最高法院应以公共利益为目标，即未经提出时，亦得自动宣告某项法律或命令之违宪。

一〇　厄瓜多尔 Ecuador Equateur(République del)

面积　451,180 方启罗密达

人口　2,000,000

国都　基多　Quito

厄瓜多尔共和国于1830年与委内瑞拉(Veuezuela)同时脱离可伦比亚(Colombia)(参阅上可伦比亚)独立。人口中属于白种者仅8%。现今宪法,公布于1929年3月26日。但自1935年9月发生政变以来,国会不复召集,巴埃资氏(Federico Paez)实行独裁,宪法停止。

一、总统

总统由人民直接投票选举。任期4年,任满不得连任。被选举者应年满40以上,并生于厄瓜多尔之境内者。总统缺席,由内政部长代行其职权,倘内政部长亦缺席时,由国务员中任职最久者代行总统职权。总统去位,应于两个月内选举继任总统。

总统批准并公布所有法律,制订施行条例。有调遣军队权。任免所有官吏,但省长、军队总监、参谋部长及驻外公使领事之任命,应获参议院同意。宣战、媾和,须经参院核准。磋订条约,须提向参院通过后批准。遇有严重之内乱或外患发生,总统得请求国会,国会不开会时,得请求参政院(Conseil d'Etat),授予特权。

国务员由总统任命并罢免。有列席国会并要求发言权。国会通过不信任案时,应停止执行其职务。

二、国会

国会分参众两院。每年开常会1次,于8月10日自行召集,会期90日,得再延长30日。临时会由总统召集,或因两院议员过半数要求开会,而由参议院议长召集之。

众议院 每人口50000人选举众议员1人。任期两年,关于赋税案,建议权专属于众议院。众议院有起诉总统、国务员及其他高级官吏之渎职权。

参议院 参议员由各省议会选举。大学校、中等学校教授全体、初级学校教授之全体、新闻界、科学界、农业界、商界、工业界、农民、军人各选举参议员1人。工人选举参议员2人。任期4年。

关于下列事项,两院开联席会议:宣告新总统之被举。表决总统之辞职。选举参政院院员、最高法院法官、税务总监、银行总监。对国务员提起不信任案。通过国家预算案。表决总统退还再议之法律案。

一一　危地马拉 Guatemala Guatemala

面积　109,724 方启罗密达

人口　2,219,000（1931 年统计）

国都　危地马拉桑地亚谷　Santiago-de-Guatemala

危地马拉民主国昔为中美联邦（Confédér ation de I'Amerique Centrale，Confederation of Central America）之一部分，于 1947 年独立。现行宪法，系 1879 年 12 月 11 日所公布，但于 1927 年 12 月 20 日曾经重要之修改。

一、总统

总统任期 6 年，由人民直接选举。危地马拉人民或中美其他各国人民，非教士，年龄在 30 岁以上者，得被举为总统。任满后在 12 年之内，不得再任总统之职。

总统依照宪法及法律上所规定，向国会负责。各国务员由总统任命并罢免。总统一切命令，应获国务员同意。国务员与总统连带向国会负责。总统辞职，国会得核准或拒绝。总统缺席，国会以总统之同意，任命代理总统。

二、参政院

参政院院员 7 人，国会选任 3 人，总统任命 4 人。任期 4 年。凡宪法上规定应由国会通过之事件，均应先征求参政院之意见。行政部制定各种条例时，参政院亦得发表其意见。国家危急之时，总统得以参政院之同意，停止宪法之保障。

三、国会

国会采独院制。国会议员，由人民直接投票选举。每人口 30000 人选举议员 1 人。任期 4 年，每两年改选议员之半。人民年满 21 岁，能识字者，有投票权。

国会自行宣告开会、闭会。执行立法职权。总统选举结果，如无获得过半数当选者，国会就得票最多之 3 人中，选 1 人为总统。国会表决宣战，批准条约，决定总统、"司法总统"（Président du pouvoir judiciaire）及其他高级官吏之应否被审判。

四、司法

司法与行政完全分立。设一"司法总统"，由人民投票选举，其程序与选举总统同。最高法院院长由司法总统兼任，其他高级法官，由国会选任。司法总统及其他高级法官向国会负责，提出辞呈时，由国会表决之。

五、宪法之修改

修改宪法之提议，倘由国会以2/3以上之多数通过，应举行选举，选出"宪法会议"（Convention）。修宪事宜，由该宪法会议执行之。

一二　海地 Haiti Haiti(République d')

面积　28,676方启罗密达

人口　2,291,240

国都　普林士港　Port-au-Prince

海地昔系法国属地,于1804年1月1日宣布独立。人口中黑种者占90%。现行宪法成立于1935年,曾经人民投票通过(6月2日),于是年7月17日实行。

一、总统

总统任期5年。两院联席开成"国会",提出总统候补人3人,人民以秘密投票方式,就候补人中选举1人为总统。总统连任,以1次为限。

总统得对国会所通过法律案,提出反对理由,倘国会仍持前议,而总统亦继续反对,则该法案于下次会期之始,由国会再作最后之决定。倘为政治状况所需要时,总统得将国会选举日期展缓3个月,旧国会仍执行其职务。国家之财源,倘有不足,或因国内政治或经济状况发生危险,总统得募集内债,但须于下次国会开会时,将该项债款之用途,报告国会。总统有准许特赦权。

各部部长，由总统选任，负执行本部事务及执行法律之责任。为说明法律提案或政府反对某项法律之理由，或因执行某项正式通知起见，各国务员得列席国会。

二、国会

国会分参众两院。众议院议员37人，由人民直接投票选举，任期4年。参议院议员21人，由总统任命10人，众议院推选11人，任期6年。众议院推选参议员时，系从总统及各省所提出候补人名单上选定之。凡属国会议员，均须在国内置有地产者。

国会每年开常会1次于1月15日举行，会期3个月。总统有解散国会权，新选举应于3个月内举行。在国会解散，新国会未成立时期，总统有颁行与法律有同等效力之法令之权。该项法令，于新国会召集时，应提出通过，但国会非以两院各2/3以上之多数，不得推翻之。

关于修改宪法之提案，关于总统反对国会所通过之法律案，及通过条约案时，两院开联席会议表决之。每届会期告终，国会举众议员6人及参议员5人组成常设委员会，于国会不开会期中，参加政府制定各项法令。

一三　洪都拉斯 Honduras Honduras

面积　154,305 方启罗密达

人口　约 900,000

国都　泰古石加尔巴　Tegucigalpa

洪都拉斯民主国于 1839 年脱离中美联邦独立。1924 年以来，美国军队驻扎于其国境之内，洪都拉斯现在美国势力之下。现行宪法，成立于 1924 年 10 月 3 日。

一、总统

总统由人民直接投票选举。任期 4 年，任满不得即连任。被选举者应年龄在 30 岁以上，65 岁以下。各国务员由总统任免，但不得以国会议员兼任。国务员向国会负责，国会通过不信任案时，应即辞职。

二、国会

国会议员 48 人，任期 4 年，每两年改选议员之半。被选举者，应年满25岁。人民年满21岁,或年满18岁而能识字或已结婚者有投票权。国会仅一院,每年开常会1次,于正月1日举行,会期60日,得再延长40日。国会闭会期间,以其"常设委员会"(Commission permanente)执行其固定之职务。

总统得将国会所通过之法律案退还国会再议,但国会以2/3之多数再通过时,总统应即公布之。总统反对该法律案之原因,倘因该项法案抵触宪法,则须先经最高法院审查后,再由国会讨论。人民得向最高法院起诉法律之违宪。

一四　墨西哥 Mexico Mexique(Etats-Unis du)

面积　1,963,678 方启罗密达

人口　16,404,030

国都　墨西哥　Mexico

墨西哥于 16 世纪中叶,被西班牙所克服,至 1822 年乃宣布独立。现行宪法,公布于 1917 年 2 月 5 日,实行联邦制度。该宪法曾经 1928 年及 1933 年之修改。

一、总统

总统由人民直接投票选举。任期 6 年,不得连任。本人及父母均生来即属墨西哥国籍,年满 35 岁,于选举前 1 年中住在国内,离去军职已满 1 年者,得被举为总统。教会中人,现任部长、次长、省长或卸任未满 1 年者,不得为总统候选人。总统去职或死亡,倘其在任期间尚不满两年,国会选举一代理总统而决定新总统之选举日期,倘发生于任期将满之最后两年中,国会选举一代理总统摄行其职务,直至任期届满时为止。

各部部长掌理行政事宜,由总统任命并罢免,不向国会负责。

二、国会

国会分参众两院。常会以9月1日召集，应于12月31日以前宣告停会。临时会由两院所组成之“常设委员会”（见下）召集。两院之议长、副议长及秘书长由两院自行推选，每月一改选。参议院须有议员2/3以上出席，众议院须有议员过半数以上出席，其表决始有效。议员继续缺席10次以上而无正当理由者，以辞职论。

众议院　每人口100000人选举众议员1人。任期两年。生来属墨西哥国籍，年满25岁，在选举区住满6个月以上者，得被选举为众议院议员。现役军人，任何宗教之布道士，各部部长、次长，省长，联邦各法院法官，及各州政府（Government of States）之各部长不得被选为众议员。

参议院　每州选参议员2人。由人民直接投票选举。任期4年。被选举资格与众议员同，惟参议员年龄应满35岁以上。

国会每届闭会时期，众议院推选议员15人，参议院推选议员14人，共同组一“常设委员会”。该委员会在国会不开会时期，准备各项事宜，召集临时会，总统倘缺席，选举临时总统，并得于紧急情形发生时，核准停止宪法之保障。

判决违宪法律制度，在墨西哥称为Amparo。一切法律或命令之干犯宪章，侵害个人权利，或妨碍各州之主权者，以及各州所订立法律抵触联邦法律者，得向联邦各法院起诉以达取消之目的。

一五　尼加拉瓜 Nicaragua Nicaragua (République de)

面积　118,450 方启罗密达

人口　818,184(1931 年统计)

国都　麦拉瓜　Managua

中美尼加拉瓜共和国现行宪法,系 1913 年 4 月 5 日所公布。尼加拉瓜现仍受美国势力影响。根据 1916 年《美尼条约》(*The Bryan-Chamarro Treaty*),美国得在尼境内开浚运河。

一、总统

总统及副总统,均由人民直接投票选举,任期 4 年。各部部长、次长,由总统选任,辅助总统执行行政事宜,不向国会负责。

国会不开会时,总统得因严重情形宣布全国或局部之戒严,而停止宪法上各项规定,但时间以 60 日为限,逾限应重行布告。

二、国会

国会分参众两院。众议院议员 43 人,任期 4 年,每两年改选议员之半。参议员 24 人,任期 6 年,每两年改选 1/3。每年开常会 1 次,于 12 月 15 日举行,会期 45 日,得延长至 60 日。临时会由总统召集。

两院表决法律案、条约案、公债案、宣战、媾和、规定军队名额等等,两院所通过之议案,总统得提出反对理由,但两院如开联席会议,以 2/3 之多数再通过时,总统应即公布之。

一六　巴拿马 Panama Panama

面积　174,522方启罗密达

人口　472,468

国都　巴拿马　Panama

巴拿马本系可伦比亚国(Colombia)之一行省。1903年之际,可伦比亚迟延未允割地予美国,为开浚巴拿马运河之用。巴拿马宣布独立,与美国订立1903年11月18日条约,将运河经由地线,割让予美。美国首先承认巴拿马为独立国(于签约前五日承认),嗣可伦比亚亦于1914年加以承认。现行宪法,为1904年4月13日所通过。

一、总统

总统由人民直接投票选举,任期4年,任满不得连任。副总统3人,由国会选举。总统任命各国务员及其他官吏,于国会常会开会10日以内,提出国家预算案,批准并公布国会所通过之法律,以最高军事领袖资格调遣全国军队。除罢免及任命各国务员之命令外,总统命令,未经国务员副署者无效。

总统及摄行总统职务者,除下列事项外,不负责任:1. 超越宪法上规定而执行职务。2. 用禁止国会开会或其他方法以妨害选举之举行。3. 犯妨害国家罪。

二、国务员

国务员人数，由法律规定，其个别职掌，由总统指定之。国务会议，以总统为主席。巴拿马无负责内阁制度，国务员之进退，概由总统，有如美国其南美、中美其他各国宪法。但为国务员者，应备具国会议员之被选举资格，得向国会提出法律案，并得参加国会中之辩论。国会开会10日以内，各国务员应将所管部之部务，制成报告向国会报告，并说明应行改革事宜。

三、国会

国会采独院制。议员任期4年。每人口10000人选举议员1人。每两年开常会1次，以9月1日举行，会期90日。临时会由总统召集。

国会制定法律，通过条约，表决宣战，允许特赦，通过预算案等等。国会议员及国务员有提议法律权，惟有关于民法及诉讼法者，非经国会之特别委员会或最高法院法官提议，不得加以修改。法律案通过国会后，总统得于6日内、10日内或15日内（以该法案内容之繁简为准），提出反对理由，将原案退还国会再议。但国会如再以2/3以上之多数通过时，总统应即批准公布。倘总统所提反对理由，涉及宪法问题，而国会固执通过时，则应将该法案交最高法院判决。总统、国务员、最高法院法官、总检察官，触犯宪法上所固定之罪名者，由国会审理之。

修改宪法之提案，先照普通立法程序通过国会后，再提交国会，以 2/3 之多数表决之。

# 一七　巴拉圭 Paraguay
Paraguay(République du)

面积　288,019 方启罗密达

人口　约 1,000,000

国都　亚桑森　Assumption, Assomption

巴拉圭于 1811 年脱离西班牙管辖。独立之初,经过独裁政治时期,1844 年,公布宪法,选举总统。自 1864 年至 1870 年间,巴拉圭与巴西发生战事。巴西、阿根廷、乌拉圭三国联军侵入巴拉圭,经剧烈之奋战,巴拉圭人口死亡垂半,总统阵亡。国家独立,卒获保全。1870 年 11 月 18 日,颁行新宪法,现今政体,仍以该宪法为根据。

一、总统

总统以两级制由人民投票选举。任期 4 年,任满后非经过两个任期之时间,不得重膺总统之职。由各选区所选出之各"选举人"(electors),在各省会召集,举行投票,选举总统。投票时无获得过半数票数而当选者,国会就得票最多 2 人中,选举 1 人为总统。副总统之选举及任期与总统同。

总统任命各国务员及其他官吏,但外交官及最高法院法官之任命,应获参议院同意。签订条约,应通过参议院。对外宣战或媾和,应获国会(参众两院联席会议表决)准可。国会通过法律案,总统得于旬日内提出反对理由,而将原案退还国会再议,但两院再以2/3以上之多数通过时,总统应即公布之。

国务员由总统任命并罢免,不向国会负责。但各国务员得列席国会并参加辩论,惟不得投票。国会亦得召请国务员到院以备咨询。

二、国会

人民男性年满18岁者有投票权。现役兵士及下级军官,受不名誉之判决者,及身体上或智识上缺乏自由表示之能力者,停止其投票权。实行义务投票(Vote oblizatoire)制度。

国会分参众两院:

众议院 每人口6000人选举众议员1人。任期4年,每两年改选众议员之半。被选举者,应年满25岁。赋税案及征募兵役案之提议权,专属于众议院。

参议院 每人口12000人选举参议员1人,其选举法与众议员同。任期6年,每两年改选1/3。被选举者,应年满28岁。副总统为参议院之当然主席。

两院同时开会闭会。每年开常会1次,于4月1日开会,至8月31日闭会。临时会由总统召集,或因众议员4人以上或参议员2人以上请求开会而召集之。每届常会,于闭会时,推选参议员2人,众议员4人,组“常设委员会”,以监视宪法与法律之遵行。

一八　秘鲁 Peru Pérou

面积　1,355,054 方启罗密达

人口　6,147,000(1927 年统计)

国都　利马　Lima

秘鲁民主国新宪法,于 1933 年 4 月 9 日由国会通过。较其 1920 年宪法,有重要之新规定,其尤著者,为下列数端:(一)1933 年宪法倾向于欧洲各国宪法之内阁制。足征拉丁美洲各国对于总统制渐失信仰,而渐采内阁向国会负责之制度。(二)秘鲁 1920 年宪法,参众两院任期均为 5 年,同时改选,新宪法中则加以分别。(三)该宪法并规定设立一国家经济院,由消费者、资本家、劳动者及自由职业各选代表组成之。

一、总统

总统任期 5 年。由人民直接投票选举。生来即属于秘鲁国籍,年龄在 30 岁以上,在国内曾继续居住满 10 年以上者,得被举为总统。倘候选人中,无获得全部有效票数 1/3 以上时,国会就得票最多 3 人中,选 1 人为总统。司法人员、教会中人及曾任国务员而退职尚不及 1 年者,不得被选为总统。前任总统四等内之宗亲,不得竞选。总统任满不得连任,惟得于再下一届选举总统时,参加竞选。总统任满后,入参议院为当然院员,其任期与其他参议员同(按秘鲁总统之选举与国会之选举,同时举行)。

总统犯妨害国家罪,妨害国会选举或总统选举之举行,解散国会,或妨害国会执行其职务时,得被控诉。起诉总统之权,属于众议院。由参议院判决其起诉理由能否成立。倘参议院认为起诉理由充足时,总统之职务终止,依法治罪。

二、内阁

总统任命并罢免国务总理,并依国务总理之提议,而任免其他阁员。阁员之人数与职掌,由法律规定。阁员有列席国会并发言权,国会提起质问时,阁员有答复之义务。质问案之提出,须经国会议员全体1/5以上同意,或曾经两院中一院通过后提出之。国会通过“责备案”(Vote de blâme)时,阁员应即辞职。

阁员对于本人之行为及总统之行为曾经其副署者,负有民事上以及刑事上之责任。违宪行为以及通过于阁议之事件,全体阁员,连带负责,虽于阁议时未曾投赞成票者亦然。惟因反对该项决议,而立即提出辞呈者,得免其责。阁员于执行职务时有违法行为,由众议院起诉,参议院判定,再以普通法治罪,与总统同。

三、国会

国会分参众两院。每年开常会1次,于7月18日开会,会期

180 日，由国会自行召集。临时会由总统召集，或有两院议员半数要求开会，而召集之。

两院议员，均由人民直接选举。总统、阁员、省长、副省长、司法人员及所有由政府任免之官吏，尚不曾于选举举行 6 个月以前辞职者，不得被选。担任国家或城市之一切公共职务，或在与国家发生契约关系或经管国家收入之营业机关中，担任管理人或律师者，不得兼任议员。议员与公共机关缔结契约或向其取得国有财产上之利益者，丧失其议席，其行为并应受取消。

众议院　现有议员 140 人。任期 5 年，全体同时改选。生来即属于秘鲁国籍，享有投票权，年龄在 25 岁以上，生于选区之内或在该选区内继续居住满 3 年以上者，得被选为众议员。

参议院　参议员人数 40 人。任期 6 年，每两年改选 1/3。被选举资格与众议员同，惟年龄应满 35 岁。

两院议员及政府均有提议法律案权。关于司法者，最高法院有提议权。倘法律案经一院通过而为他院所否决时，两院联合开会表决之。国会所通过之法案，由总统于 10 日内公布，总统不执行时，国会议长得公布之。法律、条例及命令之违宪者，人民得向法院提诉。

人民男性，年满 21 岁，或年满 18 岁而已结婚，能识字者，有投票权。妇女成年或已嫁者，于市区选举时，有投票权。男子有投票权，年龄在 60 岁以内者，不得放弃其投票权。投票用秘密形式。选举法趋向比例代表制。

一九　萨尔瓦多 Salvador Salvador

面积　34,426 方启罗密达

人口　1,522,186

国都　圣萨尔瓦多　San-salvador

中美联邦(Central American Federation)本包含危地马拉、萨尔瓦多、洪都拉斯、尼加拉瓜及哥斯达黎加。1839 年中美联邦解散后,萨尔瓦多成独立国家。现行宪法,公布于 1886 年。

一、总统

总统由人民直接投票选举。任期 4 年,不得连任。候选人中无获得过半数票数者,由国会就得票最多之 3 人中选举 1 人为总统。

国务员人数,至多不得过 4 人,由总统任命并罢免,不向国会负责。总统及国务员之犯违宪罪,或于执行职务时发生刑事责任者,由国会起诉,由首都法院审理之。

二、国会

国会仅一院。议员 42 人。每年改选 1 次。每省选举议员 3 人

（按萨尔瓦多全境分14省）。国会每年于4月召集开会，每一届会期中，聚集不得过40次。

国会、总统及最高法院均有建议法律权。法律案通过国会后，应由总统批准。总统得于8日内提出反对理由，将该法案送还国会再议，但国会如以2/3以上多数再通过时，总统应即公布之。

二十 美国 United States of America Etats-Unis d'Amérique

面积 7,839,100 方启罗密达

人口 127,521,000(1936 年统计)

国都 华盛顿 Washington D. C.

昔英属北美洲各殖民地,在未脱离英国管辖而独立以前,本有相当立法上以及行政上自治之权。根据英政府所颁给之"查特"(Charters)或他种规则,现今美国各"州"(States),在昔各有其特殊之政治上组织。嗣英国之经济侵略政策引起各州之反动,联合叛英。

1776 年,Virginia,Pennsylvania 等 13 州首先发表《独立宣言》(*Declaration of Independence*)。嗣在独立奋斗时期,各州因有联合抗英之必要,有"联邦规则"(Articles of Confederation)之订立。但此种组合,仅为对外及抗战英国而设,各州仍保守其独立。各州代表会议,尚属国际会议性质,所有议案,经全体赞同,始为通过,且各州对于代表会议所通过之决议,无遵守之必要。

此种情形,为当时一般主张统一者所不满,遂发起联邦运动。联邦运动之倡导者,多属保守派,欲集中政权,树立强有力之联邦政府。而各州之个别议会,则所含分子,思想较为前进,反对集权,怀疑联邦制度。美国 1787 年宪法偏重行政,被称为总统制宪法,有下述数种理由:(一)当立国之始,国基未臻巩固,需要强健政府。

（二）当时编宪者，若亨密登（Hamilton）、马迪孙（Madison）等辈因各州议会之反对联邦，遂对立法机关缺乏信任。（三）美国宪法成立之际，英内阁制度尚未完成，英议院势力亦不如今日之重要，在法国则大革命尚未爆发。若论美国之创制宪法者取材母国（英国），或其他欧陆先进国，则1787年宪法，在当日已属平民化。

美国宪法，实为中美、南美各国之先河。“拉丁民族美洲”继踵美国先后独立，其政制皆采效美宪。地位邻近，同系脱离母国独立，需要强健政府以继续其独立之奋斗等等当为各该国效法美国之原因。而地方制度各有不同，联合抵抗以底于成，又复类似美国，是以多数实行联邦制度。

美洲合众国现分48州，一联邦县（Federal district of Colombia），两地域（territories Hawaii，Alaska）及若干属地（dependances）。各州之名称与面积兹列表如下：

区域 Region	州名 States	面积 （方英里 Sq. Miles）	人口 （1930年统计）
New England	Maine	29,895	797,423
	New Hampshire	9,031	465,293
	Vermont	9,124	359,611
	Massachusetts	8,039	4,249,614
	Rhode Island	1,067	687,497
	Connecticut	4,820	1,606,903
Middle Atlantic	New York	47,654	12,588,066
	New Jersey	7,514	4,041,334
	Pennsylvania	44,832	9,631,350
East North Central	Ohio	40,740	6,646,697
	Indiana	36,045	3,238,503
	Illinois	56,043	7,630,654
	Michigan	57,480	4,842,325

区域 Region	州名 States	面积 （方英里 Sq. Miles）	人口 （1930 年统计）
	Wisconsin	55,256	2,939,006
West North Central	Minnesota	80,858	2,563,953
	Iowa	55,586	2,470,939
	Missouri	68,727	3,629,367
	North Dakota	70,183	680,845
	South Dakota	76,868	692,849
	Nebraska	76,808	1,377,963
	Kansas	81,774	1,880,999
South Atlantic	Delaware	1,965	238,380
	Maryland	9,941	1,631,526
	Virginia	40,262	2,421,851
	West Virginia	24,022	1,729,205
	North Carolina	48,740	3,170,276
	South Carolina	30,495	1,738,765
	Georgia	58,725	2,908,506
	Florida	54,861	1,468,211
East South Central	Kentucky	40,181	2,614,589
	Teunessee	41,687	2,616,556
	Alabama	51,279	2,646,248
	Mississipi	46,362	2,009,821
West South Central	Arkansas	52,525	1,854,482
	Louisiana	45,409	2,101,593
	Oklahoma	69,414	2,396,040
	Texas	262,398	5,824,715
Mountain	Montana	146,131	537,606
	Idaho	83,354	445,032
	Wyoming	97,548	225,565
	Colorado	103,658	1,035,791
	New Mexico	122,503	423,317
	Arizona	113,810	435,573

区域 Region	州名 States	面积 （方英里 Sq. Miles）	人口 （1930 年统计）
Pacific	Utah	82,184	507,847
	Nevada	109,821	91,058
	Washington	66,836	1,563,396
	Oregon	95,607	953,786
	Califorina	155,652	5,677,251

合众国现行宪法，成立于 1787 年 9 月 17 日。1791 年 12 月 15 日加入十项修正案（ten amendments），按 1787 年宪法内分 7 条（articles），每条分若干“节”（sections）；第一条内分 10 节，主要规定关于联邦之立法权，第二条内分 4 节，主要规定关于联邦之行政权，第三条内分 3 节主要规定关于联邦之司法权，第四条内分 4 节，主要规定关于联邦与各州之关系，第五条不分节，规定宪法修改程序，第六条不分节，声明该宪法施行时所发生之效力，第七条规定该宪法经 9 州承认后成立。上述各条，对于人民之自由与权利，未曾提及，是以 1791 年之十项修正案，即以补充此项不足。嗣于 1798 年 1 月 8 日复通过第十一项修正案（人民控诉各州之案件不在联邦法院管辖权之内）。1804 年 9 月 25 日通过第十二项修正案（关于总统及副总统之选举）。1865 年 12 月 18 日通过第十三项修正案（废止奴隶）。1868 年 7 月 28 日通过第十四项修正案（关于人民投票权及其他）。1870 年 3 月 30 日通过第十五项修正案（有色人种平等待遇）。1913 年 3 月 25 日通过第十六项修正案（关于所得税之征收）。1913 年 5 月 31 日通过第十七项修正案（关于参议员之选举）。1919 年正月 29 日通过第十八项修正案（禁酒）。1920 年 8 月 26 日通过第十九项修正案（妇女投票权）。1933 年 2 月 6 日通过第二十项修正案（提前总统及副总统就职日期）。1933

年12月5日通过第二十一项修正案(关于禁酒)。

兹分为一、总统。二、国务员。三、国会(国会节中复分两院议员之选举,议长,各种委员会)。四、联邦法院。五、各州政府。六、宪法之修改。六节如下。

一、总统

总统任期4年,连选得连任,但习惯法上总统连任以1次为限。生来属于美国国籍,在美国居住满14年以上,年龄满35岁者,得被选举为总统。副总统1人,与总统同时选举,任期及被选举资格与总统同。总统出缺(辞职、免职或亡故),副总统代理其职务,直至任期终了时为止。倘总统、副总统均出缺,则由各部部长中,其所管之部设立最早者,摄行总统职务。

总统之选举如下述:每州推举若干"选举人"(electors),其人数等于该州所推举参议员及众议员之总数。但不得推举参议员或众议员本人,及现在联邦官吏者,为选举人。自1868年以来,上述选举人,均由人民直接投票选举。选举时采"名单制"(Scrutin de liste),由各政党提出候选人名单。人民投票结果,得票最多之名单,全数候选人获选。以上述方式选出之"选举人"于固定日期,在各州之首都召集举行选举总统及副总统之投票。各政党各于事先提出其总统与副总统之候补人。"选举人"既由各政党以"名单制"提出而获选,其选举总统与副总统时,自必投票该党之候补人。是以人民投票选举某政党名单时,即不啻选举该政党之总统候补人。美总统虽由两级制选举,实际上与直接民选无殊。

于“选举人”投票时，获过半数票数者，当选为总统、副总统。倘“选举人”投票结果，总统候补人无获票过半数者，则众议院就总统候补人中得票最多之3人，选举1人为总统。副总统候补人中无获得过半数票数者，则由参议院就副总统候补人中得票最多之2人，选举1人为副总统。

总统为行政首领，监督执行一切宪法上、法律上、条约上之规定以及法院之判决。因国会之声请或出于自动，总统得订立各项条例（ordinance power）以施行或解释某种法律。统率联邦之海陆军队。各州之志愿兵，倘经召集以供联邦政府调用时，亦归总统指挥。

总统对外代表国家，磋订国际间条约，但须经参议院以2/3以上之多数通过后，始有批准之自由。众议院对条约案之参预权，未经宪法规定，但条约之抵触及本国法律或与财政预算案有关者，总统亦应将该条约提向众议院通过。上述众议院之参预条约订立权，自1867年Alaska事件以来，渐形确定。

总统以参议院之同意任命驻外大使、公使、领事、最高法院法官及其他联邦官吏。但国会得将任命低级官吏之权，指定归总统、最高法院或各部部长行使。在参议院不开会期间，倘有缺待补，总统得派员顶替，但系临时性质，其任期至参议院开会时为止。上述关于官吏之任命，总统应徇从参议院之意见并受法律之限制，但官吏之罢免，总统操有全权。

总统得召集国会（Congress）开临时会。参众两院倘对于休会日期意见不能一致时，由总统决定国会之休会日期。总统无建议法律之权，但得将其意见以“通知书”（Message）送达国会，或躬自出席国会声述。国会对于总统所提出意见，无付诸讨论及表决之必要。总统有否决法律权(Veto power)。除财政案外,其他法律案,通过两院后,总统得将该案退还国会再议。倘两院各以2/3以上之多数,将该案再通过时,总统应即核准公布之。

二、国务员

美国宪法,无内阁或阁员之规定,是以凡关于内阁之组织者,均属惯例。现今美内阁中,共有国务员10人:国务卿(secretary of State)(按即外交部长,其地位与国务总理不同)、财政部长(secretary of the Treasury)、军政部长(secretary of War)、总检察官(attorney general)、邮政部长(Postmaster general)、海军部长(secertary of Navy)、内政部长(secretary of the Interior)、农业部长(secretary of Agricultive)、商业部长(secretary of Commerce)、工务部长(secretary of Labour)。

国务员为总统政策之执行者,听命于总统,不向国会负责。国会议员不得兼充国务员,国务员不得列席国会。总统任命各国务员时,应提向参议院通过,但美参院从未否决总统对于国务员之人选。总统有随时罢免各国务员之权。

三、国会(Congress)

国会采两院制。众议院(House of Representatives)代表合众国人民,参议院(Senate)代表各州,每年开常会1次,于12月之第一个星期一日举行。临时会由总统召集。联邦宪法予各州以自行订立选举法之自由,但不得以性别、种族或曾为奴隶之故而剥夺人民之投票权。现今各州宪法,关于选举制度,均采普及投票(Universal suffrage),均以21岁为享有投票权之年龄,但有相当限制,如选民应在该州住满1年以上,在选举区住满1月以上,及受有相当教育之类。

(一)两院议员之选举

众议院议员任期两年。根据1929年法律,众议员人数为435人,按照各州之人口分配之。众议院按照全国人口统计,自行规定各州选举众议员之名额。各州人民,按该州宪法有选举该州人数最多之立法团体议员权者,有选举联邦众议院议员权。

被选举为众议员者,应系美国人民,年龄在25岁以上,入籍满7年以上,并居住在美国境内者。选举时采"单名制"(Uninominal),每选区举议员1人。投票用秘密形式。各州选举众议员,应于同日举行,即11月第一个星期一日后之第一个星期二日。

参议院议员任期6年,每两年改选1/3。未届改选之期,参议员中有缺额时,则由该参议员所代表之州,另举一参议员顶补,于新参议员尚未选出时,该州政府并得任命一临时代理人。参议员每州选举两人,不以人口多少为分配名额之根据。被选举为参议员者,应年满30以上,系美国人民,入籍已逾9年,并居住于美国境内者。

国会议员选举举行时,各政党之竞选委员会,应将其竞选经费之收支清册送交众议院秘书处。(按 *Federal Corrupt Practices Act* 所规定)每候选人之竞选经费,参议员不得超过10000元,众议员不得超过2500元。

（二）两院议长

两院自行选举议长及其他职员，但美国副总统为参议院之当然议长。参议院另举候补（Pro tempore）议长 1 人，于副总统摄行大总统职务时，代理参议院议长。

参议院议长，处于主持议场秩序之地位。副总统主席参议院，有时不属于该院之多数党。平常无投票权，惟于参议院中对于某项议案，赞成与反对人数相等，无从表决时，副总统有决定之权。自“参议院礼貌”（Senatorial courtesy）上言之，议场中声请发言在先者，议长应先予以发言权。在 1917 年以前，参议员发言者无时间之限制，但因无限制发言，足为阻止其他议员发言之方法，1917 年始规定，参议院得以全体议员 2/3 以上之同意，限制发言时间不得超过 1 小时。

众议院议长（speaker），由众议院中多数党之领袖担任。1911 年以前，众议院中各委员会委员，由议长选派，议长有禁止议员发言权。是以众院议长常利用其地位以扶植本党势力。1910 年，“议院规则委员会”设立，对议长专权制度，有所改革。凡议员提案，均应登记并规定其提出日期。各委员会委员，由全体议员选举，与参议院同。

（三）两院中之各种委员会

两院各设立若干委员会。凡议员提案，按其性质，分别交各委员会先行讨论。委员会对于所不赞同之提案，得搁置不向国会提出。美国宪法，行政部无建议法律权，倘各部有需要某种法律之订立时，必须与有关系之委员会疏通，以达提出国会之目的。在美国分权制度之下，各委员会之地位，极为重要。

参议院中各委员会之委员，由该院全体议员选举。但事实上，各委员会之组成，系依政党情形分配。各政党均有其“政党委员会”，每预先指定该党以某人出席于某委员会，而参院于选举时，不过照此通过而已。众议院中各委员会委员，昔由议长选任。众议院议长之权力，因是极为重大。自1911年以来，改由全体议员选举，与参院情形相同。

众议院中常设有40余个委员会。每委员会中有委员自3人至30余人不等。参议院中委员会之数目较少，各委员会中委员人数约自3人至18人。比较上尤为重要之委员会，有财政委员会、预算委员会(Committee of Ways and means)、外交委员会、商务委员会、司法委员会、军事委员会、海军委员会、币制委员会、银行委员会、建设(Construction)委员会等等。

各委员会审查重要提案时，得组织公开之调查。所有关系人，得向该委员会陈述一切。审查预算案时，众议院以全体议员为审查委员会(Committee of the whole House)，但其主席，不属议长，另举1人担任。

四、联邦法院

美国各州，均有其个别之司法制度与各级法院，而属于联邦者，有下列法院：(一)联邦最高法院(Supreme Court of the United States)，法官9人，由总统提出，经参议院通过后任命之。(二)巡回上诉法院(Circuit Court of Appeals)，现有10所，每所以最高法院法官1人，为其首席法官，巡行于辖区之内。(三)地方法院(United States district court)，现有88所，是为联邦法院中之初级审判机关。

此外尚有若干特种法院。

联邦各法院对于一切案件之发生自联邦宪法、联邦法律及所签订之条约者，有审理权。州与州间，此州人民与彼州人民间，及合众国与他国人民间发生争讼，由联邦法院审理。最高法院有审判法律违宪权。

五、联邦与各州政府

联邦宪法中，仅列举联邦之权限而未尝列举各州之权限。但修正案第十项内称："凡本宪法所未委托与联邦或禁止各州行使之权力，均保留与各州或其人民。"

联邦所有权限，经宪法规定者，可举要如下：1. 对外宣战、媾和、签订条约。2. 编制并指挥海陆军，镇压内乱及抵御外侮，各州得招募志愿兵，但联邦亦得调用之。3. 监督对外商务及州与州间之通商。4. 制定货币及度量衡制度。5. 保护著作权与专卖权。6. 全国邮政。7. 制定入籍法及破产法。8. 募集公债。9. 征收各种赋税，以供联邦政府国防上及行政上各项用途，各州非获联邦国会之同意，不得征收关税。余不备述。

各州有其个别宪法，联邦宪法第四条第四节规定各州应采取民主政体，遇有外来侵犯或内乱时，联邦政府徇各州议会或其行政部之请求，应加保护。

目前合众国各州，均有参众两院（惟 Nebraska 州于 1937 年采独院制），众院议员均较参院议员之人数为多。两院均由民选，其任期大多数与联邦国会相同，但亦有规定为较长者。参议院多有审判高级官吏被弹劾[众议院提起弹劾(impeachment)]之权。省长任命官吏,亦多由参议院加以通过。除经宪法规定归于联邦之权限外,各州议会有规定其他事项之权,尤可举者,如,选举法,刑法,民法中之所有权、承继权、婚姻等等。工商业及运输业之管理与准许、教育、劳工、救济事业、渔业等等,亦属各州权限之内,惟联邦得订立各种立法原则,通行合众国全境。

各州均有省长,由人民直接选举,其任期自 2 年至 4 年不等。除 North Carolina 一州以外,省长均有否决法律权(Veto power)。省长无建议法律权,预算案亦不由行政部提出,但有数州,省长得提出"计算书"(estimates),州政府中各人员,如秘书长、财政部长及其他,多由民选,其任期与省长同。

六、联邦宪法之修改

联邦宪法之修改,得由联邦国会,或各州议会提出。倘联邦国会议员 2/3 以上,以为宪法有修改之必要,应向联邦国会提出修正案(Amendements)。各州议会,倘有 2/3 以上要求修改宪法,应召集"宪法会议"(Convention)以提出修正案。由上述两种情形所提出之修正案,倘经 3/4 以上之州议会通过,或各州之 3/4 所召集之"宪法会议"通过时,即成为合众国宪法中之一部分,发生效力。

美国各州宪法之修改,多须由人民复决,但联邦宪法,无人民投票之规定。

二一　乌拉圭 Uruguay Uruguay

面积　186,926 方启罗密达

人口　1,808,296

国都　蒙特维地奥　Montevideo

乌拉圭昔系西班牙殖民地，嗣隶巴西，于 1825 年宣布独立。1828 年，阿根廷、巴西、乌拉圭共同签订条约，承认乌拉圭之独立。1830 年，公布第一次宪法，成立民主国家。

1933 年 3 月，发生政变，推翻 1917 年宪法。台拉氏（Gabrial Terra）被举为总统，于 1934 年 4 月 19 日颁行新宪。但反对派仍拥护 1917 年宪法，而斥台拉政府为不合法政府。兹将 1934 年新宪法内容析要如下。

一、总统

总统由人民直接投票选举。任期 4 年。总统维持治安，指挥全国军队，任免文武官吏（惟外交官之任命，应通过参议院），以国会之同意与他国订立条约，于国家有必要情形时，施行紧急处分，但须于 24 小时内报告国会或其常设委员会。关于立法事项，总统得提议法律，拟制国家预算案，并得于国会常会开会时，报告国家现状及应行改善方略。

二、国务员

国务员定额9人，分掌各部部务。总统任命国务员时，应以5席或6席给予国会中占有议席最多之政党，以3席给予次多数之政党。次长由各该部部长提出请总统任命，于该部长辞职时，应同时引退。

国会议员得以书面向国务员或最高法院法官咨询一切。倘有参院或众院议员1/3以上要求某一国务员出席该院时，该国务员应到院以备咨询。两院中任何一院得对内阁全体或某一国务员投“责备票”（Vote de blâme）。倘该项“责备票”经两院之联席会议通过时，则该内阁或该国务员应即辞职。但通过“责备票”时，如同意者不及2/3，则总统得宣告国会之解散，于60日内举行新选举。除有此种情形外，总统在一任任期中，不得解散国会过1次。

三、国会

众议院　议员人数99人，由人民直接投票选举。议员定额，非由两院各以2/3以上之多数赞成更改时，不得增减。众议员任期4年。被选举者，应年满25岁。

参议院　参议员人数30人。由人民直接投票选举。任期4年。被选举者，应年满30岁。自1932年以来乌拉圭妇女有投票权,是为南美各国最先实行者。

国会每年于 3 月 15 日开会,12 月 15 日闭会,自行召集。推选参议员 4 人及众议员 7 人组成国会常设委员会,监视宪法及法律之遵守。在国会闭会期间,该委员会代行国会之若干职权。

两院议员及政府均有建议法律权。关于立法事项,两院处于平等地位。法律案通过两院后,10 日以内,总统得将该案退还国会再议,两院应召集联席会议,将该案再付表决,倘以 3/5 以上之多数再通过时,总统应即公布之。退回再议之法案,倘属局部之修改,则两院以过半数之多数再通过,即足维持原案。

下列事项,其职权属于两院之联席会议:1. 制定及决定公布各项“法典”(Codes)。2. 设置法院及组织司法行政事宜。3. 制定关于人民权利之保障、教育、农业、工业、对外贸易及国内通商之法律。4. 通过必要之赋税以应付预算案之支出项,并规定其征收方法。5. 核准发行公债。6. 宣战。7. 批准条约。8. 规定军队数额。9. 添设或裁废各种公共职务。10. 核准大赦及特赦。11. 以 2/3 以上之出席并以过半数之多数选举最高法院法官、审计法院法官及行政法院法官。12. 判决国务员之政治责任。

二二　委内瑞拉 Venezuela Venezuela(Etats-Unis du)

面积　1,020,400方启罗密达

人口　3,261,734

国都　加拉加斯　Caracas

委内瑞拉于1830年脱离可伦比亚独立。采联邦制。现行宪法，成立于1928年5月22日，迭经1929年、1931年、1936年之修改。

一、总统

总统由国会选举。任期5年(按任期本规定7年，于1936年改定为5年)。生来属于委内瑞拉国籍，年满30岁者，得被举为总统。任满不得连任。一切命令，均应经国务员副署。若干事项，如，制定条例、添设官职、召集国会开临时会等，非经国务会议通过者无效。

二、国务员

各国务员由总统任命并罢免，国务员有列席国会并发言权。国会得对内阁或国务员提起“责备案”，但总统，除非联邦法院认该事件有应受法律裁判之处时，无罢免该国务员或该内阁之必要。凡属应行通过阁议之事项，国务员全体连带负责。

三、国会

国会分参众两院：

众议院议员由人民直接投票选举，每人口 35000 人选举众议员 1 人。任期 4 年。选举法由联邦中各邦自行规定。

参议院由每邦各举参议员 2 人组成之。任期亦系 4 年。参议员由各邦之个别议会选举，但不得即选该议会中议员。

国会每年开常会 1 次，于 4 月举行，会期 90 日。临时会由总统召集。讨论总统辞职案，总统所提出之“通知书”(Message)及国务员所提出之每年报告书等时，两院开联席会议。遇有两院对于某项提案意见不能一致时，以联席会议表决之。

附　篇

奥地利亚 Austria Autriche

面积 83,838 方启罗密达

人口 6,762,687(1934 年统计)

国都 维也纳 Vienna,Vienne

1914—1918 年欧战后,昔日奥匈帝国(Empire d'Autriche-Hongrois)内之非日耳曼民族,各自宣布独立,奥国国境,大形蹙减。现今奥国,仅余日耳曼民族部分,其名称及面积如下:维也纳(Vienne)278 方里。下奥地利亚(Basse-Autriche)19301 方里。上奥地利亚(Haute-Autriche)11981 方里。沙士堡(Salzburg)7153 方里。史地利(Styria)16381 方里。加令薛(Carinthia)9530 方里。地罗(Tyrol)12645 方里。伏拉卑(Vorarlberg)2602 方里。白仁兰(Burgenland)3967 方里。

《圣日耳曼条约》(*Traité de Saint-Germain*)(1919 年 9 月 10 日签定)划定奥国国境,并限制奥国,除非国际联盟行政院(Conseil de la Sociéti des nations)加以许可时,应避免所有行为之足以妨碍其国家独立者。于是奥政府 1918 年 11 月 12 日所宣布与德国合并之法律,与该条约抵触而失效。

1918 年 10 月,旧奥国会议员若干人已自行召集,宣布"临时国会"成立,并通过《国权基本法》(*Decret sur les basses fondamentales de la puissance d'Etat*)。该基本法当经公布施行,实为新奥国之最初宪法。奥皇查利(Empereur Charles)亦于是时正式宣言让政。1918年10月30日之基本法(简称1918年宪法)缺漏之点,迭经随后公布之“宪法性质法律”(lois Constitutionnells)加以补充。惟值国体遭递之际,一切制度,尚未奠定,各省纷纷成立“革命议会”创立宪法,发表宣言加入新产生之日耳曼种人奥国。维时奥国成为一种自由结合国家,嗣后奥国之采取联邦制度,盖萌于此。

1920年宪法　1919年3月,临时国会召集宪法会议于维也纳以制定宪法。该会议时间定为两年。迭更草案,卒于1920年10月1日通过“奥地利亚联邦宪法”。关于联邦政府与各邦政府间权限之分别,该宪法所规定,仅属临时性质,尚有待于法律之厘定。该项宪法性质法律于1925年公布,对联邦权限上,有重要之规定及修正。

1929年宪法　1920年宪法,极端趋向平民主义,颁行之后,值国内政变迭生,经济几濒破产,遂感觉政权有集中之需要。1929年,史特威兹(Streeruwitz)内阁拟提出修改宪法草案,然而1920年,宪法之修改,须由国会以2/3以上之多数通过,史氏内阁不能获得法定之修宪多数,其议遂寝。继之者为歇白(Schober)内阁,成立后即致力于修宪工作,其计划于是年12月7日获实现。所通过修正之点至多而重要,如,充实行政力量、扩大总统职权、改组上议院使职业团体参加、改良选举制度、提高联邦政府威权,种种规定,不啻订立新宪,非寻常修改所可比拟。

奥地利亚1934年宪法

1929年以后,奥国政治上与经济上之困难,仍有增无已。宪政无常轨可遵。多尔佛氏(Dolfuss)实行独裁,力持危局,并着手创立新宪。1934年,新宪法通过"国会"(Conseil national),于是年5月1日公布施行(多尔佛氏于7月25日被刺逝世)。该宪法于民主、君主立宪制度之外,别立一格,选举以团体为根据,立法权分讨论与决议两阶段,废除民主国(Republique)名称,以奥国为"基督教、合作联邦国家"(Etat fédéral,Corporative et Chrétien)(见该宪法第一条及第二条)。兹析为一、联邦与各邦政府。二、联邦之立法。三、联邦之行政。四、联邦审计院。五、联邦法院。五节述之如下。

一、联邦与各邦政府

联邦政府与各邦政府间权限之分别,可分为两类:(一)完全属于联邦政府权限之内者。(二)立法原则属于联邦政府而订立补充法及执行,则属于各邦政府者。凡不经宪法或法律规定属于联邦政府者,各邦政府得行使其职权。

(一)完全属于联邦政府权限之内者

1. 关于联邦宪法上之一切事件。2. 外交。3. 移民事件及护照制度。4. 联邦的财政。5. 币制。6. 民法、刑法、诉讼法及若干其他法律之制定。7. 公共秩序之维持,但地方上警权不在其内。

8. 关于职业、商业、及工业事件。9. 铁路、船政、与航空。10. 关于矿、森林、牧畜之制度。11. 工人权利之不属于农业、森林业及社会保险政策范围之内者。12. 公共卫生。13. 军政,其他次要者不具录。

(二)立法原则属于联邦政府而订立补充法及执行属于各邦政府者

1. 行政诉讼法、行政诉讼刑法、行政诉讼执行法,但联邦政府仍保留上述各法之制定权。2. 公共救济(Assistance publique)。3. 工人权利之属于农业、森林业范围之内者。4. 农业制度(Reforme agraire)之改良。5. 公路上之警权。6. 住所权(droit de domicile)。7. 各邦公共机关之设立与组织,及其他。

关于赋税事项者,该宪法第38条内称,应以宪法性质之单行法律,厘定联邦及各邦间个别权限。

二、联邦之立法

联邦立法,分讨论与决议两阶段。法律案应先由参政院、文化院、经济院及邦代表院分别讨论。讨论法律机关无表决权,仅得提出意见,由政府提向"决议机关"表决之。兹分述(一)讨论机关,(二)决议机关,如下。

(一)讨论机关(Organes déliberants)

参政院(Conseil d'Etat, Staatsrat) 院员自40人至50人,由总统任命,任期10年。总统对于参政院院员之人选,应择国民中有勋劳与负时望者充任。任命参政院院员之命令,须经首相(Chancelier)副署。参政院院长由总统任命。

文化院(Conseil Cultural fédéral, Bundeskultural) 院员自30至40人,由各宗教团体、各教育团体及各科学团体选举代表充任,任期6年。院长由该院自行推选。

经济院(Conseil Economique fédêral, Bunderwirtschaftrat) 院员自70至80人,由各种职业团体选举代表充任,任期6年。被认为主要职业团体,列举于宪法中者为农村及森林经济、工业、矿业、手工业、商业、运输、财团、自由职业及公共职务。代表人数之分配,按各团体人数之比例,但每团体不得过3人。院长由该院自行推举。

邦代表院(Conseil des Pays, Länderrat) 各邦以其"邦长"(Gouveneur)及其管理财务之长官为其邦代表院代表,维也纳以其市长及其管理市财政之长官为邦代表院代表。院长一席,由各邦代表轮流担任。

上述四院,为讨论法律机关,其职务在于"被咨询时贡献其意见"(第45条)。政府提案,除若干种(见下文)无须征求"讨论机关"之意见即得向"决议机关"提出者外,应交付上述各机关讨论。各讨论机关被咨询时,应于政府限定时期内提出其意见。"参政院对于法律提案,所处地位,在于研求其是否适合于国家主权,公共利益,及法律之实用。文化院以文化的利益为观点而提出其意见。经济院以经济的利益为观点而提出其意见。邦代表院就邦的利益上发表其意见。"(第61条第6项)

(二)决议机关(Organes de décision)

联邦国会(Diète fédéral, Bundestag) 联邦国会由参政院院员20人,文化院院员10人,经济院院员20人,邦代表院院员9人组成。上述人数，由各院自行推选之。参政院院长为国会主席。国会有表决下列各项事件之权：1. 联邦政府所提出之各项具体法律草案。2. 关于国防上之一切建议。3. 联邦预算案、公债案。4. 关于处置联邦产业之议案。5. 国际条约之有关于联邦法律者（惟于政府提出时得表决之）。6. 审计院（Cour des comptes）之裁定（Arrêtés）与报告。

联邦议会（Assemblée fédéral，Bundesversammlung） 联邦议会即参政院、文化院、经济院及邦代表院四院全体人员之联席会议。其职权如下：1. 表决宣战案。2. 表决关于选举总统之提议。3. 聆总统就职之宣誓。

上述6种机关，前4种为讨论机关，后两种为决议机关。各项提案，经讨论机关发表意见后，政府得提交决议机关。决议机关应于政府指定时期之内，将该项提案，不加讨论，投票表决。通过否决均以原案全文为限。未表决前，政府得随时收回提案而加以修改。

讨论机关开会时不准旁听，联邦国会与联邦议会之开会则属公开性质。议决案件时，应有议员2/3以上之出席。

无须征求各讨论机关之意见，得径向国会提出者有下列各项：1. 关于国防上之一切建议。2. 条约案。3. 公债案。4. 处置联邦产业案。5. 审计院之裁定与报告。上述提案，提交国会时，国会在表决前得加讨论及修改。

法律案被国会否决时，总统得召集人民投票举行复决。倘人民投票赞成，政府得将该法律案所规定事件，以命令处理之。

各院由总统召集开会。总统有解散文化院及经济院权。参政院及邦代表院无被解散之规定，但文化、经济两院解散，国会即无由成立。各院之被解散者,其新选举应于百日内举行。

三、联邦之行政

总统由全奥各市之市长、各县(Communes)之县长,聚集于维也纳,就联邦议会(Assemblée fêdérale)所提出之总统候选人3人中选举之。任期7年,连选得连任。

总统代表国家,接见并派遣外交人员,磋订条约,任命所有联邦官吏,决定特赦等等。总统为军事最高领袖,国务员之掌理军权者,在总统监督之下,实行统率及召遣军事力量。遇有紧急情形发生,总统得颁发与法律有同等效力之"紧急命令"(Ordonance de Nêcessité)。总统所发一切命令,应经首相(Chancelier)或其他阁员副署。总统缺席时,首相摄行总统职权。

首相、副相(Vice-Chancelier)及其他国务员经首相之提议,由总统任命及罢免。罢免首相及其他国务员之命令,无须经过副署。各国务员不能兼任各立法机关议员及各邦政府人员。各立法机关开会时,各国务员,得亲自或派代表列席,请求发言时,应加允许。

起诉总统,应经联邦议会认可。关于控诉总统之提议,应交"有管辖权"之机关转达国会(Diète),国会决定有无交付联邦议会之必要。倘国会认为有交付联邦议会之必要时,首相应召集联邦议会开会审查。

四、联邦审计院

设联邦审计院（Cour de Comptes）以监察联邦预算案及所有其他联邦财政事宜。

审计院院长由总统任命，不经阁员之副署。审计院院员，由其院长提出，请总统任命，任命该院院员之命令，由该院长副署。审计院长，非经联邦议会提议，总统不得罢免之。

国家预算案、各行政机关之收支预算以及属于联邦之各种受赠与而成立之社会事业（Dotations，fondations，établissements）之收支预算，均应经过联邦审计院，由该院院长提向国会（Diète）通过。国务员与审计院院长发生法律上争执时，由联邦法院判决之。

五、联邦法院（Cour fédéral de Justice）

联邦法院为奥地利亚联邦之最高司法机关，院员由总统任命。该院有裁判国务员之权。国务员之违法执行职务者联邦国会得以2/3 以上之多数通过，对该国务员起诉，由联邦法院审理之。

联邦法院有判决一切法律及行政行为（Actes administratifs）之违宪权。违宪事件之提出，须经联邦政府、各邦政府或联邦法院本身。人民无直接向联邦法院提诉之权。

新旧译名对照表*

	新译名	旧译名	页
A			
Andorra	安道尔	安陀拉	2
Albania	阿尔巴尼亚	亚尔巴尼亚	v,7
Amsterdam	阿姆斯特丹	阿姆斯脱达姆	71
Assumption	阿桑普申	亚桑森	163
Austria	奥地利	奥地利亚	xi,189
B			
Bulgaria	保加利亚	布加利亚	v,14
Budapcst	布达佩斯	部达培斯特	50
Bern	伯尔尼	柏恩	101
Berlgrade	贝尔格莱德	培尔格拉德	114
Buenos-Aires	布宜诺斯艾利斯	布韦诺斯爱累斯	121
Bogotá	波哥大	布哥答	136
Basse-Autriche	下奥地利	下奥地利亚	189
Burgenland	布尔根兰	白仁兰	189

* 本表是此书收入“中华现代学术名著丛书”出版之际，为给现下读者提供参考而编制。由吴婧编制。

	新译名	旧译名	页
C			
Czechoslovakia	捷克斯洛伐克	捷克斯拉夫	v,16
Canada	加拿大	坎拿大	ix,130
Colombia	哥伦比亚	可伦比亚	ix,136,147,160,185
Colons	科郎(哥斯达黎加货币单位)	苛伦	140 141
Carinthia	克恩滕	加令薛	189
D			
Dominican Republic	多米尼加共和国	多明尼加共和国	ix,145
F			
France	法国	法兰西	vi,33
Ferdinand	费迪南德	腓迪南	91
G			
Germany	德国	德意志	vi,41
Gustave Adolph	古斯塔夫·阿道夫	格斯达夫亚道夫	97
Grenada	格林纳达	哥伦拿大	136
H			
Helsinki	赫尔辛基	赫尔星基	30
Hitler	希特勒	希忒勒	41

	新译名	旧译名	页
Havana	哈瓦那	哈凡拿	142
Haute-Autriche	上奥地利	上奥地利亚	189

K

Kaunas	考纳斯	科那斯	67

L

Liechtenstein	列支敦士登	里克登斯太因	2
Latvia	拉脱维亚	拉特维亚	vii,63

M

Managua	马那瓜	麦拉瓜	158
Montevideo	蒙得维的亚	蒙特维地奥	182

O

Oslo	奥斯陆	俄斯路	75
Ottawa	渥太华	奥大瓦	130

P

Pilsudski	毕苏斯基	俾尔史特斯基	78
Port-au-Prince	太子港	普林士港	152

R

Riga	里加	黎加	63

	新译名	旧译名	页
Rio de Janeiro	里约热内卢	里约热内奴	126

S

Saint Marin	圣马丁	圣马令	2
Stockholm	斯德哥尔摩	斯托克荷尔姆	96
Santiago	圣地亚哥	桑地亚谷	133,149
Santo-Domingo	圣多明各	圣多明谷	145
Salzburg	萨尔茨堡	沙士堡	189
Styria	施蒂里亚	史地利	189

T

Tirana	地拉那	提拉那	7
Tegucigalpa	特古西加尔巴	泰古石加尔巴	154
Tyrol	蒂罗尔	地罗	189

V

Vatican	梵蒂冈	梵谛冈	2
Vorarlberg	福拉尔贝格	伏拉皋	189

W

Weimar	魏玛	威玛	3,41

龚钺先生学术年表*

1902 年

诞于苏州。

1902 年(出生后至 1918 年)

回故乡福州,主修中文,曾入经学会学习,亦学习英文、数学等。

1918 年

赴上海圣约翰大学读中学,及大学文科。

1923 年

回福州,专修法文。

1924 年

在巴黎政治专门学校外交科,海牙国际法学院、巴黎大学法科学习。时任驻西班牙使馆随员。

1929 年

在巴黎大学博士班、哥伦诺布尔大学学习,得法学博士学位。期间任驻巴黎总领事馆副领事、领事、总领事,海牙国际法庭文书,中华法学会法制组专门委员。

* 本学术年表由龚钺之女龚昭梅编制。本书的再版寄语亦是她所作。

1934 年

出版法文著作《西耶士的宪法理论》(*Theorie Constitutionnelle de Sieyes*)。

1935 年

在南京中华民国外交部工作。

1938 年

任上海法政学院教授,天津育德大学法学院院长、教授,天津律师会会员,租界清理委员会顾问。抗战期间,著有《比较法学概要》《欧美各国现行宪法析要》,由商务印书馆出版。

1946 年

派往日本东京,任驻日代表团专门委员、法律处处长。

1949 年

任东京律师会会员、律师,俟机回国。

1953 年

回到中华人民共和国。

1954 年

分配到南京市文物保管委员会,由彭冲市长签著(宁人字 34 号文)任命为委员。

1955 年

推荐为江苏省政协委员、法制组组长,任至 1986 年。

1981 年

参加筹建江苏省法学会工作,任筹委副主任,被选为省法学会理事、常务理事、副会长。

1986 年

任江苏省法学会顾问。译作《蒙古帝国史》被商务印书馆纳入

“汉译世界学术名著丛书”出版。

1991 年

享受国家特殊津贴。

1997 年

于南京去世，享年 95 岁。

欧美宪法文本与宪法精神析要

刘小冰*

鸦片战争后，中国逐渐开始了全方位的近现代转型。中国学术研究以轻视经学、重视理工农法医研究与比较研究为标志的近现代转型是其中的一个重要方面，并在上个世纪二三十年代初具规模。法学研究与法学教育在中国学术研究转型中发挥了重要作用。那一时代建立起来的许多法律制度为其后的法律制度建构与完善提供了最初的技术样本；那一时代成长起来的许多法学家在历经各种劫难后仍奋力拼搏，为改革开放后中国的法律发展、法学研究与法学教育作出了巨大贡献；①那一时代出版的许多法学著作跨越时空，至今仍具有强大的生命力。龚钺先生所著《欧美各国现行宪法析要》（以下简称《析要》）则是其中较具特色的一部。②

---

* 南京工业大学法律与行政学院法学教授、法学博士。

① 例如，中国罗马法权威周枏先生（1908—2004 年）对罗马法在上个世纪 70 年代末 80 年代初在中国的“复兴”发挥了巨大作用，其大作《罗马法原论》（商务印书馆 1994 年版）至今仍是中国最权威的罗马法著作。1986 年，周先生曾担任笔者的硕士论文答辩委员会主席，在此谨表达笔者的深切怀念！

② 商务印书馆命余作《欧美各国现行宪法析要》之导读，唯再三研读，总不得要领。十月三日四时许，梦中幡然有悟。急起记下，揽月光复睡。俄而醒来，已光明一片！

一、《析要》价值的析要

笔者认为，评判学术名著的价值标准，一是以当时的时空条件为标准，考察它给当时的社会带来了什么，是为历史价值；二是以当下的时空条件为标准，考察它给当下的社会带来了什么，是为当下价值；三是以读者阅读时受到的感悟为标准，考察它给读者带来了什么，是为阅读价值。以此为观照，《析要》的基本价值主要表现为：

第一，为当时中国的法治发展提供了富有价值的图景。学术著作的价值首先根植于当时的时空条件，《析要》的价值就在这里。在上个世纪30年代，中国最需要解决的问题是在“国家团结”的基础上实现现代化（破坏这种“国家团结”的最主要危险就是国内的各种军阀割据和日本等国对中国的侵略）。富有远见的中国知识分子必须打破对传统法律制度的迷思，并为中国提供国家发展的图景，而这一切的基础就是打开国门看世界。《析要》对欧美各国宪法的介绍为中国宪法学研究提供了宝贵的资料。

第二，为研究欧美各国的宪法发展提供了珍贵的史料。《析要》在介绍欧美各国宪法时作了精心筛选，对国境极端偏小、政治制度“简单而特殊”、“不足供人采效”的若干小国家（如摩纳哥、梵蒂冈）的宪法“删去不录”。[①] 据此，《析要》分为前篇欧洲、后篇美

① 龚钺：《欧美各国现行宪法析要》，商务印书馆1938年版，第2页。下文未注明出处者皆引自该书。

洲、附篇奥地利,[①]共叙述了欧美当时有效或形式上没被废止的宪法共计48部。[②] 这些宪法文本至今有效者了了,但从学术研究和宪法发展史的角度来看,仍然具有较为重要的史料价值与文化意义。需要指出的是,长期以来,我国学术界对欧洲各国宪法及美国宪法研究较多,对美洲各国宪法的研究则普遍较弱。因此,《析要》对美洲22部宪法的介绍弥足珍贵。

第三,为厘清"独裁制度"与"立宪政体"之间的关系提供了分析视角。《析要》指出:"吾人不能谓有宪法者即非独裁国家,亦不能谓独裁制度之下即无宪法。"《析要》并举例说明:当时被认为是独裁国家的立陶宛、葡萄牙、南斯拉夫、阿尔巴尼亚、波兰都有各自的宪法。萨托利曾指出:我们可能遇到的宪法基本上有三种:保障性宪法(真正的宪法);名义性宪法;装饰性宪法(或冒牌宪法)。名义性宪法只是现存政治权力定位的形式化,其目的在于为真正的掌权者取得排他性收益。名义性宪法之所以是"名义性的",这在非常简单的意义上是因为它只是"徒有虚名"的宪法。这等于说,名义性的宪法只是组织性的宪法,即是组织而不是约束特定政体中政治权力运转之规则的集合。装饰性宪法不同于名义性宪法的地方在于它冒充"真正宪法"。它之所以不真乃是它被置之不理,至少在其基本的保障性的特质方面是如此。[③]《析要》的上述

① 《析要》称"奥地利亚",现改为当今通用名,下同。

② 德国、希腊、保加利亚等国宪法当时已为"废宪",《析要》将这些"废宪之事略叙述,以资参考";奥地利因"目今德奥合并","是其宪法,已成废纸",作者因而"附录于后,以备一格"。

③ 参见〔意〕萨托利:《"宪政"疏议》,载刘军宁等编:《市场逻辑与国家观念》,生活·读书·新知三联书店1995年版,第114-116页。

观点与萨托利的观点异曲同工，业已成为社会的共识。

第四，为思考当今法制的改革和完善提供了重要的借鉴。任何一个国家，其法制的改革和完善不仅需要从现实与比较中吸取养分，也需要从历史中吸取正反两个方面的经验教训。《析要》对那些赤裸裸的独裁及“与民主政治相去仍远”的宪法予以谴责，认为立陶宛等国的“现今政体显属独裁”，“宪法虽没经废止，而国会无权，政府有独裁之实”。《析要》也对纳粹德国以某种需要“得将所有法律撕毁，而以己意行之”的做法发出“疑问”：“德国今日，是否尚有法治制度及独立司法权之存在？”与此相反，《析要》对那些“极端倾向平民主义之宪法”（如爱沙尼亚1920年宪法）赞赏有加，因为其“充分容纳人民参与立法”。同时，《析要》介绍的一些宪法制度也值得我们深入研究。例如，法国、波兰等国宪法规定，“增加疆土之条约”须经国会两院通过后批准；比利时、荷兰、阿根廷、巴拉圭等国宪法采“义务投票”，即规定选举中“有投票权者，不得放弃参加”；瑞士等国宪法规定，达到一定数量的选民可联名提议修宪；玻利维亚1880年宪法、巴西1934年宪法即规定“最高法院有判决法律违宪权”。从立宪技术上看，《析要》所记载的这些宪法制度具有相当的参考价值。

二、宪法文本的析要

自1938年《析要》出版后，欧美各国宪法文本有了许多新的发展，了解这些发展将有助于更好地阅读《析要》。为此，兹将《析要》中的宪法文本与欧美各国现行宪法文本及其必要之说明列表

对照如下：①

表1：欧洲各国宪法文本对照表

国别	《析要》宪法文本	现行宪法文本
阿尔巴尼亚	1928年宪法	1998年宪法（2008年修改）
比利时	1831年宪法（1893年、1920年、1921年五次修改）	1994年宪法
保加利亚	1879年宪法（1934年政变后“业已停止”）	1991年宪法（2006年修改）
捷克斯洛伐克	1920年捷克斯洛伐克共和国宪法	1992年捷克共和国宪法 1992年斯洛伐克共和国宪法（2001年修改）
丹麦	1849年宪法（1863年、1866年、1915年、1920年修改）	1915年制定（1920年、1953年修改）
爱沙尼亚	1933年宪法	1992年宪法（基本法）
芬兰	1919年宪法	1999年宪法
法国	1875年宪法（由《参议院组织法》、《政权组织法》和《国家政权机关相互关系法》三个宪法性文件组成）	1958年宪法（1960年、1962年、1963年、1974年、1976年、2008年修改）
德国	1919年魏玛宪法（1933年被废止，施行纳粹法律，“德国目前无任何宪法存在”。）	1949年宪法（1956年、1968年、1990年修改）
英国	1215年大宪章、1628年权利请愿书、1689年权利法案等	主要有大宪章、权利请愿书、权利法案、议会法（1911年、1949年）以及历次修改的选举法、市自治法、郡议会法等

① 各国宪法文本和相关资料主要参考姜士林等主编的《世界宪法全书》（青岛出版社1997年版）、各种宪法书籍及各国驻华使领馆的官网等。

国别	《析要》宪法文本	现行宪法文本
希腊	1935年政变前施行1924年宪法;政变后,希腊由共和国改为君主立宪国,“暂将1911年之君主政体宪法恢复”。	1975年宪法
匈牙利	柔性宪法(“若干法典,因其内容重要,遂被认为基本法”;宪法“并非全有文字记载,其大部分建立于习惯上面”。)	2012年宪法
爱尔兰	1922年宪法	1937年宪法(“屡经修改”,最新为1983年修改)
意大利	18世纪末,意大利各地制定了23部宪法,其中最重要的是1848年沙丁纳王国基本法(“柔性宪法”),1870年意大利统一后成为意大利王国宪法;1922年法西斯党人上台后“既于表面上保留旧制度,复以党的组织加于正式政府机构之上”。	1947年宪法(1948年、1953年、1963年、1967年、2005年修改)
拉脱维亚	1922年宪法(自1934年法西斯分子政变后“业已失效”,但“并未经正式宣告废止”。)	1922年宪法(1994年、1996年、1997年修改)
立陶宛	1928年宪法(1926年军人推翻民选政府,“宪法虽没经废止,而国会无权,政府有独裁之实”。)	1992年宪法(后多次修订)
荷兰	1815年宪法(1840年、1848年、1887年修正)	1983年宪法

国别	《析要》宪法文本	现行宪法文本
挪威	1814 年宪法（“五十余次之修改”）	1814 年宪法（多次修改，最新为 2007 年修改。）
波兰	1935 年宪法	1997 年宪法
葡萄牙	1933 年宪法（军政府颁布）	1976 年宪法（1982 年、1989 年、1992 年、1997 年、2001 年、2004 年、2005 年修改）
罗马尼亚	1923 年宪法	1991 年宪法（2003 年修改）
西班牙	1931 年宪法	1978 年宪法
瑞典	1809 年 6 月 6 日宪法（实为《为政府组织法》）	宪法由政府组织法（1809 年制定，1974 年修订，具有近代宪法的基本功能。）、王位继承法（1810 年制定，1979 年修订。）、出版自由法（1812 年制定，后经多次修改。）、议会法（1866 年制定，最新版本于 1974 年发表。）、表达自由法（1991 年制定）等组成
瑞士	1874 年宪法	2000 年宪法
苏维埃社会主义联邦共和国	1936 年宪法	1993 年俄罗斯宪法（2008 年修改）
南斯拉夫	1931 年宪法（“钦赐宪法”，“与民主政治相去仍远”。）	2006 年塞尔维亚宪法（前南斯拉夫的领土现分成六个主权独立国家，塞尔维亚继承其国际法主体地位。）

国别	《析要》宪法文本	现行宪法文本
奥地利	1934 年宪法（极右势力制定）	1920 年宪法（1925 年、1929 年、1972 年、1974 年、1975 年修改）

表 2：美洲各国宪法文本对照表

国别	《析要》宪法文本	现行宪法文本
阿根廷	1853 年宪法（1960 年、1866 年、1898 年修改）	1853 年宪法（1860 年、1866 年、1898 年、1949 年、1972 年、1994 年修改；1956 年军政府宣布废止宪法，1966 年起国家宪法与军政府法规并存、后者超越前者；1983 年，宪法的最高法律地位得以恢复。）
玻利维亚	1880 年宪法（1931 年修改；1936 年政变后“国会暂停”）	2007 年宪法
巴西	1934 年宪法（政变当局颁布，时为“独裁时期”。）	1988 年宪法（1994 年、1997 年修改）
加拿大	柔性宪法（主要为 1867 年大英北美洲法案，1915 年修改。）	1982 年加拿大宪法法案（以前各宪法文件除改名或个别条文修改外，仍继续有效；1867 年大英北美洲法案改称 1867 年宪法法案。）
智利	1925 年宪法	1980 年宪法（2005 年颁布修改后的宪法文本，正式取代了军政府时期颁布的 1980 年宪法文本；2011 年修改。）
哥伦比亚	1886 年宪法（“屡经修改，最近一次修宪案于 1936 年 8 月通过”。）	1886 年宪法（1910 年、1936 年、1945 年、1957 年、1968 年、1979 年、1991 年修改）

国别	《析要》宪法文本	现行宪法文本
哥斯达黎加	1871 年宪法（“迭有修改”）	1949 年宪法（1950 年、1959 年、1961 年、1963 年、1965 年、1968 年、1969 年、1975 年、1981 年、2003 年等多次修改）
古巴	1901 年宪法（1928 年修改；1933 年政变“复将宪政推翻，解散国会，宣布临时约法。历届政府，均属独裁性质”。）	1976 年宪法（1992 年、2002 年修改）
多米尼加	1924 年宪法（1929 年修改）	1966 年宪法（1994 年修改）
厄瓜多尔	1929 年宪法（1935 年政变后“国会不复召集”，“实行独裁，宪法停止”。）	2008 年宪法
危地马拉	1879 年宪法（1927 年修改）	1986 年宪法（1994 年修改）
海地	1935 年宪法	1987 年宪法（1988 年 6 月至 1989 年 3 月曾中止实施，1994 年 10 月部分生效。）
洪都拉斯	1924 年宪法	1982 年宪法
墨西哥	1917 年宪法（1928 年、1933 年修改）	1917 年宪法（期间曾进行过近 200 次修改，最新为 2011 年修改。）
尼加拉瓜	1913 年宪法	1987 年宪法（1995 年、2000 年修改）
巴拿马	1904 年宪法	1972 年宪法（1978 年、1983 年、1994 年、2004 年修改）
巴拉圭	1870 年宪法	1967 年宪法（1977 年、1992 年修改）
秘鲁	1933 年宪法	1993 年宪法（2000 年修改）

国别	《析要》宪法文本	现行宪法文本
萨尔瓦多	1886 年宪法	1983 年宪法
美国	1787 年宪法(至 1933 年共通过 21 项修正案)	1787 年宪法(至今为止共通过 27 项修正案)
乌拉圭	1934 年宪法(1933 年政变当局颁布)	1966 年宪法(1973 年政变后停止实施,1985 年民选政府予以恢复;1996 年修改。)
委内瑞拉	1828 年宪法("迭经 1929 年、1931 年、1936 年之修改")	1999 年宪法(2009 年修改)

由上表可知,就其主要的方面来看,欧美各国宪法自 1938 年至今没有一部宪法没有发生改变。① 宪法是一定经济事实、政治事实与法律事实逻辑发展结果的能动记载,当经济事实、政治事实与法律事实等宪法生态发生改变时,宪法文本之变就是一种绝对。与此同时,宪法是各国的根本大法,这里的"根本"主要是指其内容和作用的根本性(柔性宪法的修改程序与一般法律略同,但其内容与作用则具有根本性,因为动摇这些宪法性法律,如英国之人宪章、挪威之政府组织法,就是动摇其国本)。因此,从技术层面而不是从价值层面来看,一部不合"时宜"的宪法或宪法条文对国家治理的"反面作用"也具有根本性。在宪法生态已经改变后,好的制度会通过立宪、修宪等形式对其作出良善的反应,坏的制度则会作出罪恶的反应。所有这些好的和坏的反应,都会直接导致宪法文本之变。

① 自 1844 年独立以来,多米尼加共和国制定了 32 部宪法,是所有现存国家当中宪法文本数最多的国家。

但是，上述48部宪法文本之变也呈现出不同的特点，形成了不同的类型：

第一，宪法生态相对稳定，因而宪法制度的本体性内容没有发生根本性改变，仍然具有法律效力，但其内容则“与时俱进”。这是一种修宪的类型，其典型当为美国、挪威、瑞典等六国宪法。美国1787年宪法自生效后共通过27项修正案，自1938年后共通过6项修正案；挪威1814年宪法“颁行170多年来，屡加修改，2/3的条款已非全貌”；墨西哥1917年宪法历经近200次修改，哥伦比亚1886年宪法也“屡经修改”。这些国家宪法的共同特点是“宪法格局未变，迄今仍然遵行”。[1] 瑞典和英国宪法采柔性宪法形式，但其中最重要的一些宪法性法律（如瑞典1809年政府组织法、英国1911年议会法）虽有若干修改，至今仍然有效。

第二，宪法生态发生剧烈变动，宪法制度的本体性内容呈现反复，在国家相对稳定后则实现了“宪法的回归”。“回归”类型的案例很少，主要有拉脱维亚等三国。1920年，拉脱维亚宣告成立共和国并于1922年制定了宪法；1934年法西斯分子发动政变，该宪法“业已失效”；1940年被并入苏联，至1990年才恢复独立。1993年，拉脱维亚正式恢复1922年宪法。与拉脱维亚深受外部因素决定不同的是，阿根廷深受国内因素的干扰。阿根廷1816年宣告独立，1853年制定宪法。但自上个世纪30年代起出现军人与文人交替执政的局面，1956年该宪法被废止；1966年起，宪法与军政府法规并存，后者超越前者；1983年，民选政府上台后，该宪法的最高法律地位才得以恢复。奥地利则是另一种“回归”。奥地利于1918

① 姜士林等主编：《世界宪法全书》，青岛出版社1997年版，第1064页。

年成立共和国,1920 年制定宪法。1934 年,极右势力上台后废除了该宪法并制定了新宪法,1938 年被德国吞并,宪法“已成废纸”。1945 年奥地利重建后宣布,1920 年宪法继续有效。

第三,宪法生态发生变动,导致宪法的内容和形式发生根本性改变。这是一种制宪的类型。宪法内容的根本性改变根源于三种情况:一是因应宪法生态的变化。这种情况最为普遍。例如,丹麦于 1849 年颁布第一部宪法,实行君主立宪制,采用三权分立原则,立法权属于国王和议会,行政权属于国王,司法权属于法院。国王至高无上,可自由选任大臣。现行宪法则规定:国王拥有立法提案权和法律颁布权;国王通过内阁行使国家最高权力,内阁对议会负责、受议会监督、向议会报告工作,议会可对内阁投不信任案责令其下台,内阁亦可宣布解散议会,提前大选;国王本人事实上没有政治权力。这两部宪法对国王等国家体制的规定具有很大的不同,反映了“虚君共和”的时代潮流。二是因应转型的需要。例如,纳粹党在其建立法西斯专政的最初阶段,没有明确废弃《魏玛宪法》,而是以其第 48 条规定的“国家紧急权力”为依据,制定了大量特别法律,主要有《总统保护人民和国家法令》、《消除人民和国家痛苦法》(《授权法》)、《国家重建法》、《德国元首法令》、《发布领袖关于帝国司法部长之特别授权》等,上述法律组合成为希特勒专制政权的法律基础。“希特勒则成为当时全国唯一公认的权威,集执行、立法及司法等国家权力于一身。”[①]二战后,德国制定了 1949 年宪法,确定了共和制、民主制、联邦制、法制国家和社会福利制度等五项

① 黄俊杰:《法治国家之国家紧急权》,元照出版有限公司总经销 2001 年初版,第 101 页。

基本制度,实现了由独裁向民主的转型。三是因应国家分立的需要。如捷克斯洛伐克于1992年决定将捷克和斯洛伐克分离,南斯拉夫则于上个世纪90年代初开始逐渐分成塞尔维亚等6个主权独立国家,苏联解体后则分成俄罗斯等15个国家。这些取得独立的国家都分别制定或恢复了各自的宪法。与此同时,法国、匈牙利等个别国家不仅改变了宪法的内容,也改变了宪法的形式。例如,《析要》所载之法国1875年宪法与匈牙利宪法都是典型的柔性宪法,但两国现行宪法皆为刚性宪法(《析要》称之为"硬性宪法"),刚性宪法已成为各国宪法文本的最主要形式。

在《析要》所载48部宪法中,上述三种宪法文本之变的比例分别为12.5%、6.25%、81.25%。由此可见,宪法文本之变的主要类型是制宪,而非修宪与回归。修宪类型需要制宪者的高度智慧和超稳定的宪法生态,回归类型则受到不同时空条件的限制,这两种类型都有其现实的难度。历史地看,制宪类型为统治者提供了贯彻其意志、反映其利益的更为简便的治理工具。

三、宪法精神的析要

宪法的变与不变是相对的。上述宪法文本之变反而衬托出宪法内在精神的不变:以这48部宪法为基础,我们可以窥见宪法精神的核心内容,并从中掌握欧美宪政发展的基本规律。

第一,民主正呈现出一种全新的发展态势,实现了大规模的转

型正义。[①] 民主的形式有许多种，常见的如选举民主（授权民主）、协商民主、自治民主等。其中最为重要的是选举民主，这种民主在上个世纪有一个曲折的发展过程。“20世纪是个民主经常失败的时代，它被专制政权取代的例子发生了不下70起。”在《析要》出版的年代，保加利亚、德国、希腊、意大利、拉脱维亚、立陶宛、葡萄牙、阿根廷、玻利维亚、巴西、智利等国宪法要么名存实亡，要么赤裸裸地实行军人独裁。“但20世纪又是民主取得异乎寻常成功的时

① 2004年，联合国在《冲突中和冲突后社会的法治和转型正义》的秘书长报告中采用了“转型正义”的概念，以描述对过去的迫害者追究其罪行、对过去取得不当的利益予以追讨、探讨“集体不正义”的状况与避免“选择性的审判”，并回应上个世纪拉美、东欧、北非的政治变化和满足该种变化对“正义”的需求。需要说明的是，汉语中的“转型正义”源于英语 transitional justice。目前，较具代表性的译法是“转型正义”和“过渡司法”。我国台湾地区常译为“转型正义”（《台湾政治学刊》2008年第12卷第1期集中发表了一组转型正义的文章），大陆地区虽也有“转型正义”的译法（参见郭艳：《新兴民主政体的转型正义难题》，《南京工业大学学报（社会科学版）》2009年第1期），但多译为“过渡司法”（参见朱力宇等：《过渡司法：联合国和国际社会对系统性或大规模侵犯人权的回应》，《浙江大学学报（人文社会科学版）》2010年第4期），联合国译员会也将其译成“过渡司法”（参见秘书长《关于冲突中和冲突后社会的法治和过渡司法的报告》）。笔者认为，“转型正义”的译名更为准确，也更有意蕴。第一，transitional 确实有“过渡性的”含义，但译成“转型”更符合学术规范。第二，即便从现实角度看，当一个国家被描述为 transitional 时，往往意味着其政治、经济、文化、社会发生了质的“切换”（transition）或“重设”（reset），而“过渡”一词无法更为贴切地描述这种“改变”。第三，justice 在中文里同时有正义、司法等多种含义，但 transitional justice 是指一个国家由非民主体制过渡到民主体制后，对旧政府侵犯人权行为的处理。这种处理不仅包括司法的处理，也包括大量非司法的处理。在这里，justice 属于“综合互补方法”，因而不仅仅是法律性的（如起诉个人），更是道德性的、政治性的、历史性的（如寻求真相、改革机构、审查和革职）。无论何种“切换”或“重设”，其主要的或者说根本的目的都是为了追求真相、回归正义、寻求和解、重建社会，其核心则是追求正义，让被颠倒的一切都回到正义的原貌上。从这种意义上说，transitional justice 只是一个通过转型实现正义的动作与方法。第四，将 transitional justice 译成“转型正义”更符合原意、更符合中文的表达习惯。“转型正义”的译法意境高远、一目了然，而“过渡司法”的译名则有佶屈聱牙之嫌。

代。在它临近结束之际，已经进入了一个民主的凯旋时代。各种民主观念、制度和实践，它们的影响和范围已经遍及全世界，这使得本世纪成为人类民主史上最为辉煌的时代。"①现在，《析要》所载的欧美约23个国家已经实现了转型正义，如拉美33个独立国家中有不少国家在上个世纪中期曾发生军事政变，推翻民选政府上台执政。上个世纪80年代后，拉美军政权则先后还政于民（目前，拉美各国全部是民选政权），实现了"民主的凯旋"。由此可见，民主的制度性价值在转型正义的概念下得到了根本性的发展。转型正义为这些国家的宪法发展提供了良善的宪法生态，而宪法也确认了这种"民主的凯旋"并为其提供了根本保障。

第二，权利的宪法规定在社会基础、具体内容与保障方式上有了极大的发展。《析要》的内容编排主要可分成三部分：国家概况与历史背景、权力制度与宪法修改。同时，《析要》在叙述权力制度的产生时掺杂了对权利内容的零散介绍。虽然这一内容安排可以使读者了解宪法的基本内容，但缺失权利内容的完整叙述使读者无法了解各国宪法的全貌。这既与作者的分析视角（《析要》"本拟编成附于拙著《分权制度与近代宪法》之后，故其体裁，力求简练"，后作者因故将《析要》"先行付梓"）相关，更与当时欧美宪法变动不居（所谓"年来宪法上之变迁，既繁且频，或属局部修正，或属除旧布新"）的状况相符。整体而言，这种状况现在已经发生了根本性的改变：一是权利保障的社会基础发生了改变。与《析要》所处的时代不同，权利保护现已成为各国人民的共同追求和世界

① 〔美〕罗伯特·达尔：《论民主》，李柏光等译，商务印书馆1999年版，第153页。

范围的普遍共识。从各国来看,各国宪法大多重视权利的宪法规定。从国际来看,国际人权的迅猛发展是二战后人权发展最为显著的特点。《联合国宪章》提出了国际人权保护的理念,《世界人权宣言》和国际人权两公约(《经济、社会和文化权利国际公约》、《公民权利和政治权利国际公约》)更使国际人权保护具有法理性质和法律意义。二是宪法规定的权利内容发生了改变。从纵向来看,权利的内容由17、18世纪倡导平等、自由等个人权利(第一代权利)发展到19世纪的经济、文化、社会权利(第二代权利,《析要》出版时第二代权利刚刚产生、尚未定型),并在此基础上发展为上个世纪50年代以后的民族自决权、和平权、环境权等集体人权(第三代权利)。从横向来看,权利的内容上在深度和广度上有了许多新的发展。"人们对权利和公民身份的利用,已如同爆炸似的增多。"①三是权利的宪法保障方法发生了改变。与《析要》所处的时代不同,当前权利的宪法保障方法有了两个最为明显的改变:第一个改变是以宪法形式规定了权利直接保障主义。权利直接保障主义又称宪法保障,主张权利直接受宪法保障,行政机关和司法机关自应维护权利,就是立法机关亦不得随意限制权利,或通过超出宪法所授权的法律以限制人民的自由,此类法律即可称之为"恶法"。这种保障在于保障人民的自由权利不受政府违宪或违法行为的侵犯,也不受立法机关的违宪立法的侵犯,所以采取直接保障方式的国家,往往设有解释宪法的机构,以解释限制人民自由权利的法律

① 〔美〕托马斯·雅诺斯基:《公民与文明社会》,柯雄译,辽宁教育出版社2000年版,第1页。

或命令是否抵触宪法。[①] 第二个改变是以宪法形式规定了国家紧急权力期间不得克减的权利内容。这是紧急失权制度的一种除外规定，是对国家紧急权力这种最极端的国家权力的一种宪法规制。紧急失权制度也称权利限制，是指国家紧急权力下公民权利被克减、限制或中止的范围、方式及其除外规定（国家紧急权力行使期间不得克减的权利）的制度安排。各国宪法大多规定，生命权、平等权、人格尊严权、良心自由、思想自由、信仰自由与公正审判权即便在国家紧急权力期间也不得克减。上述宪法保障方法的改变肇始于现行德国的宪法规定模式，是对纳粹集权统治的一种反思结果，因为这种统治乃是以广泛地侵犯权利和广泛地适用国家紧急权力为特色的，而其法律原因即在于《魏玛宪法》对权利的间接保障主义规定及其对国家紧急权力含义不明的规定。[②]

宪法乃是以根本法的形式对民主、权利等普遍原则作出的结构化安排与实践过程。因此，把握民主与权利的宪法制度发展，就能把握宪法内在精神的发展线索与基本规律。

四、“不为繁华易素心”

笔者认为，《析要》充分体现了那一代“老派学人”“不为繁华

---

① 参见刘庆瑞：《比较宪法》，三民书局有限公司 1978 年第 3 版，第 242-246 页。

② 参见拙著：《国家紧急权力制度研究》，法律出版社 2008 年版，第 301-322 页。

易素心”的“真气”。[①] 在那个纸质年代，对这48部宪法的“析要”须进行积累、比较、鉴定、评价等项工作，这需要严谨的态度、扎实的根底、“板凳要坐十年冷”的精神。[②] 从《析要》及其他同时代学术名著的字里行间，我们可以感受到这些老派学人甘于寂寞、为国奉献的心志和学术能力。在那个“国破山河在”的时代，这是他们的天然使命。因此，我们必须穿越时空和生命的羁绊，对这一群体投去敬佩的一瞥。是他们，传承了中国传统知识分子的本性，并为后来的学者说明了什么是中国知识分子的担当！

① 游宇明：《不为繁华容易素心——民国文人风骨》，浙江大学出版社2012年版，第10页。

② 即便在今天这样一个电子时代，我们在查找48国宪法资料时仍感到异常的艰苦。例如，笔者在撰写本文的各国宪法文本对照表时，虽有网络等作为支持工具，仍然感到极为不易。

再版寄语

龚昭梅

龚钺,字骏礼,诞于 1902 年,为闽中循良第之后裔。幼而敏慧,家学渊源,聪俊拔萃。青少年时赴沪圣约翰大学就读。时值国事动乱,立精忠报国志,负笈西欧,游学法国,研习政法外交,造诣宏深,尤精于国际法,获巴黎大学博士学位。其论文《西耶士的宪法理论》的法文版在法出版,并得著名教授巴特勒美的佳序。在法期间任职驻巴黎副领事、领事、代理总领事及巴黎比较学会会员兼年刊编辑、海牙国际法学会会员等。足迹遍及西欧各国。

1935 年回国后,在外交部供职,也曾任上海法政学院教授,中国法学会专门委员,律师,天津育德大学教授、法学院院长等职。著述有《欧美各国现行宪法析要》和《比较法学概要》(由商务印书馆出版)等。抗战胜利后,复膺使命,东渡扶桑,任驻日代表团专门委员及法律处处长。数十年为国事外交竭其才智。

当全国解放,新中国成立伊始,国家需才之际,毅然丢弃功名和优裕生活,突破阻力,举家归国。然报国之心,归国义举,未得理喻。故虽年过半百,只能搁下为之奋斗数十年的政法专长,学做文物工作并像文物一样被"保管"、被运动。困顿中,以其坚贞之劲节、光明坦荡之心、深厚的功底、渊博的学识,虽迭遭拂逆,总以镇定宽和处之,精勤以尽其力。他研究蒙古史、元史、中亚史,著书立说，上世纪60年代精心编译完成《蒙古帝国史》。几经蹉跎，终于出版，且多再版。《中亚细亚与突厥斯坦》一书也几经修改完稿。以其当时条件与环境，其过程之艰难，唯励志者方能为。

回国后不久被推荐担任江苏省政协委员，并任其法制组组长。上世纪80年代江苏省法学会成立后又任省法学会副会长(并得国家首批特殊人才津贴终生在职)。他珍惜这些发挥专长的机会，在耄耋之年仍不辞劳苦，徒手爬格，撰写了法学论文集，其中有《国际法的渊源与发展》、《论建议权与决议权的区别、民主与集中的协调》、《建议制定行政诉讼法》、《加强法制有必要树立法律系统》等。其拳拳报国心可昭日月!

斗室之翁，亦能看透东西，笑容天下，足彰显其充实而坦荡的胸襟与气度，平和而不平凡的一生。十年动乱中数次病危后的30年，龚钺亲见国家日益繁荣昌盛，政通人和，后辈承慧奋进，终于无悔而欣慰地驾鹤逝去。